U0111960

大展好書　好書大展

品嘗好書·　冠群可期

運動精進叢書 20

# 美國青少年籃球訓練方法 250 例

譚 朕 斌　主編

大展出版社有限公司

| | | | |
|---|---|---|---|
| 主　編 | 譚朕斌 | | |
| 副主編 | 王新力 | 陳少青 | 劉曉華 |
| 編　委 | 徐念峰 | 倪曉如 | 李小斌 |
| | 陳　浩 | 羅海軍 | 劉華劍 |
| | 喬博識 | | |

# 作者簡介

　　**譚朕斌**　1964 年生於湖南省郴州市。1993 年北京體育師範學院碩士研究生畢業後留校任教。1997 年考取北京體育大學體育教育訓練學博士生，2000 年 6 月獲教育學博士學位，是中國培養的第一位籃球專業方向的博士。2002 年 9 月至 2003 年 1 月赴美國新英格蘭大學作訪問學者。現任首都體育學院教授、碩士生導師。曾任北京體育師範學院黨委辦公室副主任、中心實驗室主任、北京市運動機能評定與技術分析重點實驗室副主任。1992 年以來，先後主持和參加了多項國家級、省部級課題的研究及全國統編教材的編寫，出版著作 2 部，譯著 3 部，在國內體育核心期刊發表了20 多篇學術論文。

作者簡介

# 目　錄

# 第1部分 練習概述

# 一、練習與運動技能形成的關係

　　任何運動項目都有各自一整套的專門動作方法，即運動技術。任何運動項目技術動作的形成、鞏固與提升都是經由練習去實現的。

　　運動技能、技巧不是先天固有的，而是在練習過程中形成和提高的。學習技術就是在教練員的指導和幫助下，運動員自覺地、反覆地、有目的地練習技術動作，掌握正確完成動作方法的過程。

　　在這個過程中，動作的完成由生硬、不協調、不準確，逐漸變為熟練、協調和準確。那些多餘的、不必要的和僵硬死板的動作逐漸消失，而使動作趨於規範和完善，並進入鞏固化、自動化的過程，形成熟練的技能和技巧。

　　運動技能是從接受技術知識的資訊開始，再經反覆的練習，由多種分析器參與工作並綜合成總的回饋資訊，在訓練中最後形成的。

　　籃球運動是一項集體對抗的球類競賽項目，其技術多種多樣，變化無常。籃球技術、技能、技巧的形成，應遵循動作技能形成的規律和教學訓練原則。

　　籃球技能的形成有它自己的程式和特點，其程式為：一般地瞭解動作，建立完整正確的動作概念；在簡單條件下練習動作，掌握正確的動作方法；在複雜條件下改進和完善動作，掌握動作的運用能力和提高應變能力。

　　在簡單條件下練習，主要是採取完整練習法和重複練習法，以掌握正確的技術動作方法，讓運動員能獨立地、

完整地完成技術動作。

　　在複雜條件下練習，主要採取重複練習法、變換練習法和綜合練習法，循序漸進地改變練習條件，增加完成動作的難度和數量，其目的是發展素質、機能，掌握動作技術的運用能力，提高完成動作的品質，為過渡到對抗和比賽條件下的練習打好基礎。

　　在比賽條件下練習，主要採取比賽練習法，讓運動員在有規則制約和對抗的情況下運用已掌握的技術動作，鞏固和提高技術動作的運用能力，培養主動性、創造性和應變能力。

　　在籃球訓練中，廣泛地採用多種練習形式和方法，這是由籃球運動技能形成的特點所決定的。隨外界情況的變化而改變自己的動作，重新組合動作，以適應比賽中空間與時間的變化，抓住時機去完成攻守任務，是訓練的終極目的。所以，千篇一律毫無變化地採用某一種練習形式和方法，是不可能達到這種目的的。

## 二、運用練習方法的幾個原則

　　在籃球教學與訓練中，練習的選擇與組織非常重要。既要遵循動作技能形成的規律和教學訓練的原則，又要結合籃球運動的特點，選擇適合於完成具體教學和訓練任務及對象水準的練習方法，並在練習的全過程中發揮組織、指導和幫助的主導作用。

　　在運用練習方法時，應遵循以下原則。

### (1) 循序漸進原則

在選擇練習方法、提出練習要求時,要遵循由簡入繁、由易到難的漸進性原則。一般先採用比較簡單的練習形式和方法,在初步掌握技術動作的基礎上,再變換練習形式,改變完成動作的條件,提高練習要求。同時,要有不同程度的複雜性,以擴大隊員運用技術動作的範圍,提高運用技術動作的能力。

書中每個練習都是在符合動作機制的基礎上循序漸進進行的,這樣有助於正確無誤地教會青少年掌握規範的動作,形成正確的技術動力定型。

### (2) 精選多練原則

根據全隊或個人的具體情況,有針對性地精選練習方法,反覆練習。

書中的每個練習均有其特定的練習目的,以解決某個特定的技術和能力。練習時應嚴格按照每個練習的要點提示去完成。在正確地掌握動作方法後,應逐步提高完成動作的速度。每個練習都在「要點提示」部分涉及了所有的細節及要求,它為教練和隊員提供了某一技術動作必不可少的細節。

### (3) 多樣化原則

用一種方法練習基本功,用另一些相關練習去提高隊員的興趣和能力。相關練習不僅可以用不同的手段教會運動員相同的技術動作,而且可以避免單調乏味,收到異曲

同工的效果。

在使用這些練習時，運動員不僅學到了籃球基本技術，而且對某些籃球打法也會有所瞭解。在選擇練習方法時，形式方法的多種多樣是很必要的。

多樣化能訓練隊員在不同條件下完成技術動作，提高觀察、判斷和技術運用能力，從而在比賽對抗的條件下提高運動技能和應變能力。同時，多樣化的練習能夠提高運動員的練習興趣，保持良好的注意力，培養運動員的主動性、機動性和創造性。

## (4)練糾並舉原則

練習中要注意練習與糾正錯誤的結合，練糾並舉。掌握任何一個新技術動作，都不是一帆風順的，常常是與消除一些多餘動作和不正確的動作相聯繫的。

除了運動員獨立反覆地練習外，還伴隨著教練員或自己對錯誤的糾正。

除了教練員在練習中的語言刺激和對錯誤的糾正外，運動員在練習中要自我分析、自我檢查、想練結合、相互觀察和相互幫助，這有利於改進動作，培養獨立性，以及團結互助和克服困難的精神。

# 三、練習的基本要求

## (1) 基本功的練習要求

基本功訓練應該從個人練習開始，逐步過渡到 2 對 2、3 對 3 練習，最後進行 4 對 4 練習。

教練員要科學制訂訓練計畫，合理安排每一階段的訓練時間，針對性地採用訓練方法反覆練習，並用圖表記錄運動員的訓練情況。

**基本功的訓練步驟：**

首先在無防守的情況下練習，掌握正確而熟練的腳步動作；然後在有防守的情況下復習、鞏固。此階段，運動員的技術動作往往會產生變形，教練員一定要嚴格要求，耐心幫助運動員改進，促進運動員的基本技術不斷提高。

基本功練習要貫穿於整個訓練過程始終，包括 5 對 5 練習、攻防綜合練習、特殊情況下的戰術練習等。教練員每天都應安排一定時間練習基本功，只有不斷重複練習才能不斷提升運動員的籃球基本功，並且基本功的練習要求一定要與教練的籃球哲學相一致。

**不同階段訓練的側重點應該有所不同：**

第一階段（訓練前期）

這是訓練期中最長的一個階段，在這一階段，每次訓練的時間平均為 2 個半小時，主要是個人基本技術、少量對抗技術、初步掌握全隊攻防戰術方法、球員之間的戰術基礎配合等內容。

第二階段（訓練中期）

這一階段要在上一訓練階段的基礎上，進一步提高個人技術，確定並完善全隊攻防戰術體系，即選定適合本隊的攻防戰術，排除球員既不理解又不能運用的攻防戰術，改進個人技術中的薄弱環節。

第三階段（訓練後期）

這一階段主要進行全隊攻防戰術演練及實戰訓練，但應減少訓練時間，避免球員身體強對抗和受傷，同時又要使球員精神和身體上做好全面準備，保持良好的精神狀態和一定的緊張水準。

教練員一定要防止球員鬆懈，球員的任何鬆懈和懶散都將導致全隊的訓練前功盡棄。

第四階段（比賽期）

這是在聯賽進行過程中的訓練階段，主要利用比賽場次間隔之間的時間進行有針對性的訓練。

這一階段不要再學習新的攻防戰術配合，而要針對對手的具體情況，調整、改進本隊的攻防戰術，完全針對比賽的需要進行訓練。

## (2) 傳球的練習要求

傳球是組織進攻的主要手段，隊員的首要任務就是由傳球為同伴創造良好的投籃機會，球隊 75% 的投籃機會來自於助攻。傳接球是最為重要的進攻技術，教練在訓練中不僅要提高傳球技術，更應強調接球技術的提高，因為由於接球原因引起的錯誤多於傳球原因引起的錯誤。

練習傳接球時應注意：

① 基本技術必須透過實踐操練才能掌握；
② 反覆練習。

不僅要掌握全面的基本技術，更重要的是如何在比賽中運用技術。教練員在平時的訓練中要不斷提高隊員的應變能力，因為應變能力對隊員在比賽中運用技術至關重要。

## (3) 投籃的練習要求

進行任何一種投籃練習都應有明確的目的，並且盡可能像比賽一樣。為了使投籃練習同實際比賽一樣，必須在練習中施加各種壓力，如要求命中率、增加競爭因素等。競爭因素可以是與其他隊員競賽、與其他組競賽、與其他對手競賽（其他對手是指預定的標準、預定的時間）。

投籃練習不僅要有準確性的要求，而且要有投籃總數的要求，以提高傳球、搶籃板及投籃的速度，從而加快整個投籃練習的節奏。

透過設定「質」的要求以提高練習的競爭性，透過設定「量」的要求以提高練習節奏和練習強度。

對練習勝負應有相應的獎罰措施，處罰可以是衝刺跑、俯臥撐、仰臥起坐等。以時間要求作為練習標準簡單而有效，因為計分牌上的時鐘不僅清楚可見，而且可促進隊員加快練習速度。練習中要不斷提醒投籃隊員「快速但不要匆忙出手」，即不要為了單純追求投籃速度而使投籃動作變形。

投籃應該分組配對練習，每次練習都要計時、計分，並要求投中後隊員要大聲「計數」。

除得分最高的 3 名隊員外，其餘隊員在練習結束後都要給予一定的處罰（衝刺跑、俯臥撐等），這樣可激勵隊員努力訓練。

在進行投籃練習時應注意以下具體要求：

① 減少不必要的動作；

② 注意投籃的跟隨動作；

③ 肘關節不要外展；

④ 非投籃手扶球側部；

⑤ 投籃時抬肘伸臂；

⑥ 罰球前停留 2～3 秒；

⑦ 重心稍前傾；

⑧ 形成良好的動力定型；

⑨ 保持良好的投籃弧線；

## (4)防守的練習要求

首先教會隊員基本的防守技術，然後在練習中不斷強化，逐步提高要求。

教練應根據隊員的具體情況，不斷變化組合方式，避免隊員對防守練習產生厭倦，分散注意力，因為精神集中和身體緊張是防守練習成敗的關鍵。

進行防守練習時應注意：

① 剛開始練習時要對進攻進行限制，要求進攻隊員儘量運用弱項技術，這樣不僅能改進進攻隊員的技術，提高進攻技術的全面性，而且可使防守隊員先熟悉練習方法和基本防守技術。

② 增加防守難度的方法就是不斷擴大進攻隊員運球的

範圍。剛開始時進攻隊員在較小的範圍內運球，以使防守隊員練習基本防守技術，當防守隊員掌握基本防守技術之後，可不斷擴大進攻隊員的運球範圍，並允許進攻隊員以強項技術進攻，從而提高防守的難度和對抗性。

　③防守範圍最後應擴大到全場，防守隊員必須綜合運用多種防守技術進行防守。

# 第 2 部分　進攻技術訓練

# 一、基本功訓練

## 練習1　持球姿勢

**練習目的：**採用強制性的練習培養良好的持球姿勢。

**練習方法：**如圖1所示，隊員排成4列，按照教練員「準備」口令做持球姿勢。聽到「跑」的口令，做運球的模仿動作，跑向對側的端線。前面一組跑出，後一組隨即在端線上以「準備」的姿勢等待起動。此持球姿勢就是既能傳球又能投籃，還可以運球突破的姿勢。這個姿勢後衛、前鋒、中鋒各種位置都適用。

初練這個姿勢時也許會覺得很枯燥，一旦掌握之後，必然會使進攻十分順暢，請堅持練習下去。

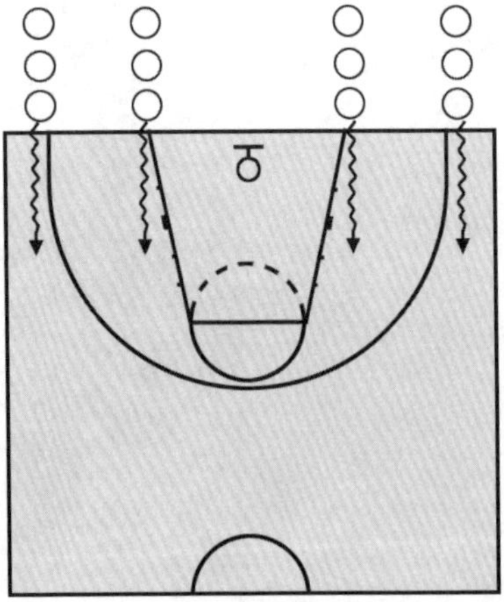

圖1

**要點提示：**

① 在自己能夠移動的範圍內儘量地加大步幅，一隻腳稍稍在前為好，兩腳不要平行。保持隨時攻擊的狀態十分重要。

② 上身要挺起來，盡可能使人看起來高大，給對手以壓迫感。

③ 不要將視線落在地板上。球場上包括自己在內有 10 名隊員，要使自己能

看到其他人的活動，能夠隨時把握其他 9 名隊員的活動狀況是十分重要的。

④ 要設想在防守密集區域控制好球（特別是設想在限制區內控制好球），對方左右的夾擊也好，前後的圍攻也罷，都要毫不動搖地保持姿勢控制球。

### 練習 2　提高手指的球感

**練習目的**：提高球感及控球能力。

**練習方法**：隊員兩腿分開站立，右手持球置於右腿前。右手將球穿越兩腿中間，將球交於左腿後的左手，左手接球後由左腿外側繞過，再穿越兩腿中間，將球交於右腿後的右手。右手接球後由右腿外側繞過至右腿前方，再重複開始時的練習。

練習 5～15 分鐘後，可改換倒球的方向。

**要點提示**：

① 持球要低，練習時屈膝和彎曲上體。

② 要用手指及指根觸球，不要用手心。練習時儘量伸張手指，直至感到疼痛時隨即放鬆，這樣就形成了理想的「杯形」。

### 練習 3　8 字形繞腿運球

**練習目的**：提高球感。

**練習方法**：隊員分散在半場，做原地 8 字形運球。右手在右腿前運球，然後拍球穿越兩腿之間，左手在左腿後觸球，並繞經身體左外側至左腿前，再拍球穿越兩腿中間至右腿後，用右手接球繼續拍球繞經身體右外側至右腿

前，再拍球穿越兩腿中間至左腿後，用左手接得球。如此繼續進行 8 字形運球 5～15 分鐘。

運球過程中可加上跳躍動作，即在右手拍球穿越雙腿中間時，左腳向前邁出，在左手拍球穿越雙腿中間時，右腳向前邁出跳躍步。

**要點提示：**

① 運球時只准用手指及指根部觸球。

② 球要拍得低而快。

③ 眼睛不得看球。

圖 2

### 練習 4　體側及背後運球

**練習目的：**提高球感及控球能力。

**練習方法：**

方法 1：集體練習時，隊員彼此間應相距 4～5 公尺。體前交換手運球，但不得看球。體後交換手運球，但不得看球。

方法 2：隊員站位如圖 2 所示，各組第一名隊員向場地遠端端線運球並返回。運球的高度應適中，左右手交換運。所謂高度適中，是指應相當於腰部的高度，也就是快速運球的高度。而且行進間要做左右側交換運球的動作。在做第二次往返左右側運

球時，要運得低而快，就像保護性運球的姿勢。用此練習做比賽，可練以小防大，或第一隊隊員與第二隊隊員對抗。

**要點提示：**

① 只准用手指及指根觸球。

② 運球時可採用低姿快運或高姿推進式的方法。

③ 雙腳應至少與肩同寬，可以小防大，或第一隊隊員與第二隊隊員對抗。

### 練習 5　雙手交換胯下拍球

**練習目的：**提高球感、手眼配合、手的快速反應能力。

**練習方法：**隊員每人一球，相距 4～5 公尺，身體成騎馬蹲襠式，使球落於兩腿中間的地板上，右手在右膝前，左手在左膝後。左手拍一次球後，迅速移至左膝前，同時右手應迅速移至右膝後並拍一下球。在規定的時間內完成此一訓練兩手快速移動的練習。

在雙手前後交換的過程中，都必須在胯下拍一下球，以保持球始終在跳動而不停止在地板上。也可不用在胯下拍球，而代之以雙手在胯下接住球而不使其落地的辦法來訓練快速反應。

**要點提示：**

① 只許用手指及手指根部觸球。

② 保持球處於低位，觸球動作要快。

③ 雙腳相距至少與肩同寬，如果覺得便於拍球，也可下蹲略深些。

④ 練習時，眼睛永遠要注視著前方。

### 練習 6　腳步移動

**練習目的：**提高隊員快速移動的能力。

**練習方法：**如圖 3 所示，所有的練習隊員面向教練員。聽到信號後，練習隊員盡最快速度原地高抬腿練習 30 秒鐘。這個練習既適用於單個隊員訓練，同樣也適用於全隊隊員共同練習。

**要點提示：**練習隊員在整個過程中都要保持良好的防守姿勢，手臂張開，兩腿彎曲。

### 練習 7　準備→跑

**練習目的：**保持良好的持球姿勢，提高跳步急停和跨步急停技術。

**練習方法：**如圖 4 所示，隊員排成 4 列起跑。

方法 1：教練員發出準備的口令時做出持球姿勢，與

第2部分　進攻技術訓練

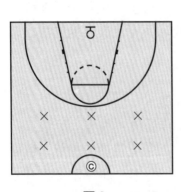

圖 3

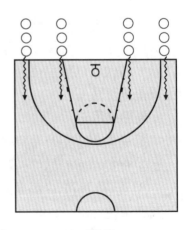

圖 4

跑的口令發出的同時向對側端線跑動。這個時候的動作是從持球的姿勢開始，第一步做出持球突破的動作（左腳、右腳都一樣）。第一步幅要大，擺脫對手突破而去。

方法2：急停時腳步動作的練習。同樣排成4列，急停的方法有跳步急停和跨步急停兩種。首先做跳步急停。到達目的地前，在發球線、中線和對側罰球線、端線做4次急停。

**要點提示：**

① 第一步要做出持球突破的動作。

② 急停→持球姿勢時，兩腳不要平行，要處於隨時能夠攻擊的狀態，有一隻腳放在稍稍靠前的位置。

③ 前後左右遭到夾擊圍攻也毫不動搖，兩腳站位要儘量採取較大的步幅。

④ 上身抬起，採取給對方以壓迫感，同時能夠看到自己以外的9名隊員的姿勢。

### 練習8　向牆點撥球

**練習目的：**提高球感和控制球能力。

**練習方法：**持球面對牆，用右手向牆拍球5次，然後用雙手接住球。以左腳為中樞腳，向左轉體360度，轉體後身體會離開原起始位置1公尺的距離。

對有的初學者來說，可能完不成360度轉體動作，這樣可讓他們分節來完成。完成轉體動作後又會面對牆，立即用左手拍球5次。5次以後，以右腳為中樞腳向右轉體360度。練習進行1分鐘。

**要點提示：**拍球時用手指及指根部觸球。

## 練習 9　運 1 個球

**練習目的**：保持良好的運球基本姿勢，提高球性及控制球能力。

**練習方法**：首先繞右腿運球，注意不要推球，球必須運至左腿。然後進行 8 字運球，先練習由前向後 8 字圍繞運球，再練習由後往前 8 字圍繞運球。

注意球必須在胯下擊地並換手運球。整個練習大約進行 10 分鐘。

**要點提示**：

① 必須以基本站立姿勢開始運球練習，非運球手屈肘保護球，用 1 個球進行運球練習。

② 練習時應始終注意保持基本姿勢，抬頭觀察場上情況。

## 練習 10　運 2 個球

**練習目的**：提高球性及控制球能力，培養運動員保持注意力。

**練習方法**：運 2 個球，即一手運一個球，是加強弱手的好方法，應在運 1 球練習之後進行。

**要點提示**：

① 運 2 球練習時要強調基本姿勢，為發展運動員的注意力，開始時可讓隊員一手高運球，一手低運球，兩手交替進行。接下來練習體側推運球，這是常用的運球方法，體側推運 2 球有助於提高運動員的注意力。

② 應該學會用右手圍繞右腿運球，同時左手保持運球

狀態不變；或用左手圍繞左腿運球，同時右手保持運球狀態不變。訓練這種運球方法不僅能有效改進弱手技術，而且能進一步提高隊員行進間運 2 球的信心。

## 練習 11　運 3 個球

**練習目的**：提高球性及控制球能力，培養注意分配能力。

**練習方法**：開始練習前將球夾在胳膊裏，練習時先將 1 個球拋向空中，同時開始運另外 2 個球。在運第 3 個球時，另一隻手繼續運中間的球，讓外側球自己反彈。始終保持每球反彈 2 次的節奏。

一旦運動員提高了運 3 球的信心，就應進一步提高練習難度。保持 3 個球的節奏，將左側的球圍繞左腿運，同時讓中間的球自己反彈，右手運右側的球；然後恢復並運中間的球。弱手運球圍繞腿運球時難度更大。

每次運 2 個球和 3 個球的練習大約 15 分鐘，整個運球練習應該占 30 分鐘。

**要點提示**：

① 持續運球有助於提高運動員用兩手運 3 個球的信心。顯然，此練習需要隊員有更好的注意分配能力，因為運動員要同時控制 3 個球。

② 教練員要提高對控制球技術重要性的認識，上述練習有助於運動員改進控制球技術。

## 練習 12　四人穿插移動上籃

**練習目的**：在熱身活動中熟練控制球和上籃技術。

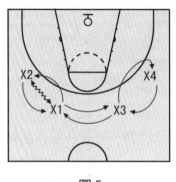

圖 5

**練習方法：**隊員 4 人一組如圖 5 所示落位。練習開始，X1 用左手手遞手把球傳給左側翼移動過來的隊員 X2，並從內側跑向 X2 的位置，X2 接球後用右手手遞手將球傳給從另一側移動過來的隊員 X3，傳球後 X2 從內側向 X4 的位置移動，X3 再用手遞手傳球傳給跟在 X2 身後移動過來的 X1，X1 再傳給 X4。

就這樣 4 名隊員按 8 字形路線連續跑動，採用外側手遞手單手傳球，傳球時傳球隊員在裏、接球隊員在外。練習中聽到教練員的哨音後，持球隊員主即運球上籃，其他 3 名隊員跟進搶籃板球。

**要點提示：**隊員的穿插移動速度應從輕鬆自如到全速進行，可快可慢。這是一個很好的熱身練習。

### 練習 13　綜合練習

**練習目的：**提高腳步動作的靈活性及傳運投等基本功。

**練習方法：**

方法 1：四角傳球上籃練習（3 分鐘）。練習方法：如圖 6 所示，A 運球上籃後搶籃板球並將球傳給 B，然後跑至 B 的隊尾；B 傳球給 C 後排到 C 的隊尾，C 傳球給 D 後排到 D 的隊尾，D 傳球給 A 後排到 A 的隊尾；然後 A 再次運球上籃。

方法 2：全場 2 人傳接球練習（2 分鐘）。2 人傳球時

保持適當距離，注意傳接球動作。

方法3：罰球（3分鐘）。

方法4：運球捉人（3分鐘）。一人運球捉其他運球隊員，要求左右手交換運球。

方法5：全場5人編織（3分鐘）。

方法6：撿球練習（3分鐘）。2人一組1球面對站立，一人對著同伴向兩側方向滾球，另一人隨球滑動並撿球將球以同樣方式滾回；以此方法連續練習3分鐘，要求每人撿球25次以上。

圖6

**要點提示：**要求按上述順序完成練習，在練習中強調基本技術動作品質。

## 練習14　夏季漸進訓練

**練習目的：**由系列練習提高籃球的基本功。

**練習方法：**

方法1：準備活動。

● **跳繩：**跳繩對提高靈活性、腳步動作及靈敏性非常有效。開始時以不同的方式跳2分鐘，如向前跳、向後跳、交叉跳、交換腿跳等；然後連續快速跳1分鐘，最後達到連續跳200次。

27

第2部分　進攻技術訓練

● 力量練習：利用俯臥撐、仰臥起坐、舉腿、指臥撐、柔軟體操等練習提高一般性力量。

● 球性練習：

① 手指拍球練習：左右手各用力拍球 25 次；

② 手指撥球練習：用雙手手指分別在胸前、頭上、膝部及身後各撥球 10 次；

③ 繞球練習：開始持球緊緊圍繞頭部、腰部及膝部繞環，然後兩腿開立分別繞兩膝關節；接下來胯下「8」字圍繞。每一種方法分別繞環 10 次。

④ 胯下「8」字運球練習：運球圍繞雙腿編織，運球時抬頭，不看球，盡可能快地運球。要求球不能高於膝關節。開始要求達到 10 次，熟練後應達到 20 次。

⑤ 運 2 球練習：同時運 2 個球，在 3 公尺的範圍內分別向前、後、左、右移動。要求運球時不看球，連續運球 1 分鐘。

方法 2：漸進訓練。

● 靈敏性練習（每次 30 秒鐘）。每天記錄練習成績，以不斷提高要求。

① 快速跳：兩腳盡可能快地跨線跳，並保持身體平衡（圖 7）。

② 快速滑動：從限制區一側快速滑動至另一側後返回，要求雙腳必須滑出限制區（圖 8）。

● 籃下連續勾手投籃。開始用右手在右側籃下勾手投籃，然後快速移動到左側籃下，要求在投籃的球觸地前或在肩以上時雙手接住球。勾手投籃時要雙手持球，投碰板籃；左手投籃時右腳用力蹬地，右手投籃時左腳用力蹬地。

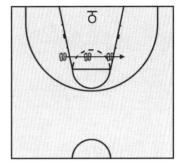

圖 7　快速跳　　　　　圖 8　快速滑動

● 「之」字形全場運球。全場「之」字形變向運球，每運球 3 次後變向換手，運球時眼睛不要看球，球的反彈高度低於膝關節（圖 9）。

● 強力上籃。將球拋向籃板，然後用力向上跳起搶籃板球，搶籃板球後雙腳著地，保持平衡；做投籃假動作，然後強力上籃，要求用雙手投碰板籃，球始終保持在肩以上。在籃下兩側分別練習（圖 10）。

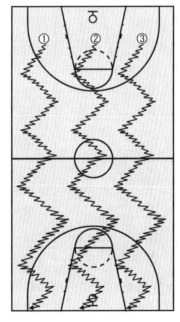

圖 9

圖 10　強力上籃

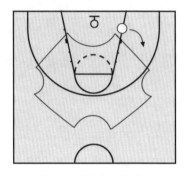

圖 11　滑步 / 轉身

● 防守滑步──轉身練習。隊員以低重心的防守姿勢如圖 11 所示路線滑步，在每一拐角處做前後轉身後繼續滑步。

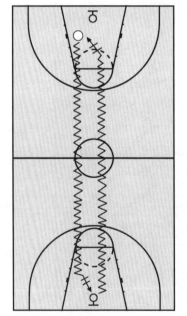

圖 12

● 全場上籃。如圖 12 所示全力運球上籃，要求用弱手上籃，搶籃板球後運球返回，目標是 30 秒鐘內投中 4 個球。以罰球練習作為調整（罰球練習要求同前）。

● 跳起觸籃圈。隊員在籃下跳起雙手觸籃圈（觸不到籃圈的隊員可觸籃網），要求雙腳起跳，連續跳 30 秒鐘；記錄每天觸籃圈的次數以檢查自己的進步。此練習對提高垂直起跳能力非常有用。

● 持球突破。進攻隊員背對球籃面向球場站立，自己將球向前拋出 6 公尺，然後前衝跳步急停接球；以左腳為中樞腳轉身面向球籃，向前邁一小步做突破假動作，接著立即向籃下快速突破。要求分別用強手的同側步突破和弱手的交叉步突破。

● 連續跳投。隊員持球背對球籃面向球場站立，然後前轉身面向球籃跳投，自己衝搶籃板球後移動到不同位置以同樣方法繼續跳投。連續跳投 30 秒鐘，記錄投中次數，要求以比賽速度完成練習。

要點提示：

① 將上述練習 3 個組合為一練習片斷，在每一練習片斷之間以罰球練習作為調整。總的練習時間不超過 1 個小時。

② 要求盡可能快地完成練習，在練習中強調基本技術動作品質。

③ 以「連續罰 3 球」練習作為調整：如果第一個球罰中則接著罰第二個球，3 球全部罰中，則持球站在罰球線等待下一輪投籃；如果罰球不中則立即衝搶籃板球上籃，然後快速跑回罰球線繼續罰球。

④ 練習結束前進行罰球練習，罰不中的隊員罰跑全場衝刺跑。

# 二、移動技術訓練

## 練習 15　移　動

**練習目的：**作為熱身練習，提高側滑步技術。

**練習方法：**如圖 13 所示，隊員之間至少保持兩臂的間隔，面對教練員分散站立。教練員由持球或控球行動提示隊員滑步的方向，隊員在教練員的指揮下完成一系列的移動練習。如快速向左、向右做堵截步或側滑步，快速後退步，跑到指定地點（或原地跑）等。隊員要對教練員發出的信號作出快速反應。

**要點提示：**當隊員熟悉了這個練習，並做好熱身後，教練員應縮短信號之間的時間。

## 練習 16　進攻腳步練習

**練習目的：**提高前轉身和後轉身技術。

**練習方法：**如圖 14 所示。轉身練習從急停開始，並注意規則對中樞腳的規定（跳步急停和跨步急停對中樞腳的規定是不一樣的）。在比賽中運用前後轉身可調整進攻位置，使進攻隊員處於球與防守之間。每排的第 1 名隊員向前運球 4〜6 公

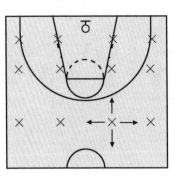

圖 13

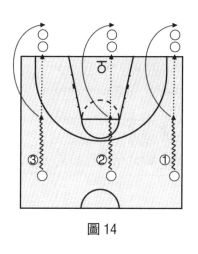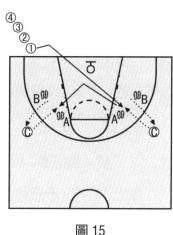

圖 14　　　　　圖 15

尺，跳步急停，做後轉身、前傳身，繼續向前運球，然後再做跳步急停。以此方法沿全場做一個來回，最後將球傳給下一名隊員繼續練習。

**要點提示**：練習時保持低重心，轉身後，重心從原來的前腳轉移至新的前腳。

### 練習 17　跳步急停

**練習目的**：學習雙腳跳停，提高觀察判斷能力。

**練習方法**：如圖 15 所示，隊員在籃下排成一排。隊員跑向教練員，並在圖中所示位置做雙腳跳停。教練員（A）將球傳給隊員①。隊員檢驗自己的左右腳，是否確實感覺到雙腳都著地了。與此同時，還要根據場上情況，想到下步應如何處理。策應隊員　把球回傳給教練員（B），按圖中所示路線，跑到另一側，在圖中所示位置上做雙腳跳停動作，並接得另一教練員（A）傳球，觀察

33

第2部分　進攻技術訓練

場上情況，考慮下一步如何做對自己最有利，並檢查自己是否雙腳同時踏牢在場地上，在把球回傳給教練員（Ｂ）後，按圖中所示路線跑至排尾。當策應隊員①跑向第二名教練員時，隊員②跑向第一名教練員，如此依序進行。

要點提示：

① 要有隨時用任何一隻腳做軸的準備。

② 思緒上應明確：可能要做哪些得分所需的移動。

### 練習18　跳步急停接突破

**練習目的：**改進跳步急停技術，提高技術運用能力和觀察判斷力。

**練習方法：**如圖 16 所示，兩腳跳起急停接球後進攻。如果防守隊員保持原狀態不動，則進攻隊員投籃；如果防守隊員封防，則進攻隊員持球突破。

**要點提示：**

① 進攻隊員接球時不宜過於接近防守隊員，以免造成進攻困難。

圖 16

② 要善於捕捉投籃的時機。

③ 做此練習時，按接球進攻、防守、傳球的順序進行。防守只做消極防守，使進攻隊員順利完成進攻動作。最初練習時可以慢一些，逐漸加快速度。

### 練習19　跨步急停接突破

**練習目的：**改進跨步急停技術，提高技術運用能力和觀察判斷能力。

**練習方法：**如圖17、18所示，單腳跨步同時接球後，用另一隻腳做停止的動作，身體稍轉。與跳步急停一樣，如防守隊員不做任何反應，隨即投籃；如防守者逼近防守，就做持球突破。

**要點提示：**

① 進攻隊員突破時，最重要的是要有「過他」和「無論如何也要成功」的心態，並隨時保持從左右兩側都可以突破的預備姿勢。

② 以左腳支撐時接球做急停，如果防守隊員的反應是

圖17　單腳急停（左腳）

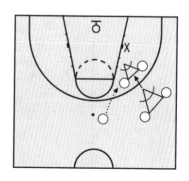

圖18　單腳急停（右腳）

向進攻隊員的左側移動，則從右側突破；以右腳著地接球做急停，防守隊員反應如是向右，則從左側突破。

## 練習 20　側滑步

**練習目的：**提高側滑步技術和隊員的速度耐力。

**練習方法：**如圖 19 所示，1 名練習隊員在底線上成防守姿勢站立。教練員手持兩個球站在罰球線上。練習開始，教練員向右側擲地滾球，練習隊員快速滑步接地滾球再雙手胸前回傳給教練員。當練習隊員接球時，教練員向另一側再擲出第二個地滾球，如此反覆。地滾球的速度和距離根據練習隊員的滑步能力的提高而加快，直到練習隊員接球的距離達到兩條邊線。如果教練員擲出的球練習隊員沒有接到（球出底線），練習要重新開始。

**要點提示：**

① 在練習過程中，防守隊員要始終保持良好的防守姿勢。

② 當其他隊員練習罰球時，這個練習也是提高隊員身

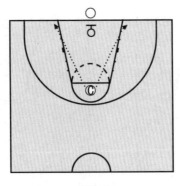

圖 19

體素質的好方法。

### 練習 21　晃　突

**練習目的：** 學習晃突技術（即先做向一側插步的動作，並配以頭、肩、球的假動作，隨即由另側突破），提高腳步動作的靈活性。

**練習方法：** 隊員站位如圖 20 所示，四方框兒是用膠條貼在地板上的 0.6 公尺的正方形。示範講解時，用一名教練員、一名隊員。隊員從距教練員 3 公尺處向教練員處運球，剛開始時用慢速，以後逐漸加快速度。當隊員運球至接近四方框兒時，先向一側做插步動作，並配以頭、肩的

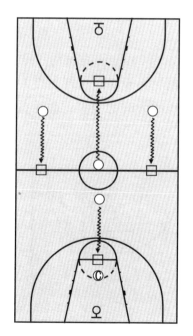

圖20

晃動動作，隨即由另側突破。

**要點提示：**教練員要隨隊員的假動作而做出相應的防守動作，以便於教會隊員不僅會做這個動作，而且能掌握做這個動作的時機。

### 練習 22　個人進攻的綜合移動

**練習目的：**學習三威脅、搖曳步、晃突、體前交叉突破、運球全轉身、運球半轉身，V 形切技術。

**練習方法：**隊員站位如圖 21 所示，其中的小方框兒為 0.6 公尺見方。隊員做 V 形切的動作後，接教練員傳來的球，隊員接球後，立即做三威脅姿勢。隊員按教練員的要求做搖曳步，並掌握各個階段的時機。隊員開始以慢速向右側方框兒處運球，然後按照教練員要求做動作。

**要點提示：**如圖 21 所示情況為在守方左側進行的練習，次日可將方框兒移至中間，隊員從左側突破並完成要求做的動作。在後兩天的練習中，教練員可將方框兒移至右側。

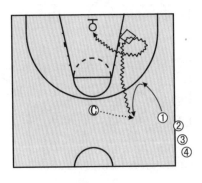

圖 21

## 練習 23　腳步移動組合練習

**練習目的**：提高各種腳步移動技術。

**練習方法：**

方法 1：腳步動作

● 如圖 22 所示，熱身跑：從端線跑至另一端線，待全排隊員都到端線後，再跑回至端線。

● 如圖 23 所示，變向切入：從端線跑至另一端線，再折回至端線。

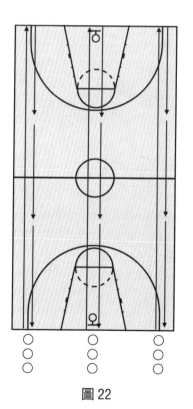

圖 22

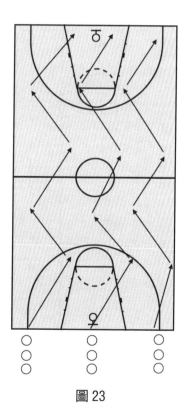

圖 23

第
2
部
分

進攻技術訓練

●如圖 24 所示，跳步急停：從端線——罰球線——中線——另一罰球線——端線，再返回。

●如圖 25 所示，前轉身：從端線——罰球線——中線——另一罰球線——端線，再返回。

●如圖 26 所示，後轉身：從罰球線——中線——另一罰球線——端線，再返回。

圖 24

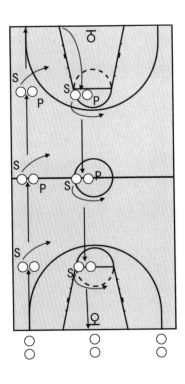

圖 25

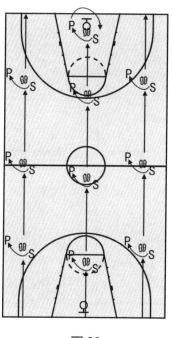

圖26

● 如圖 27、28 所示，跨步轉身：從罰球線——中線——另一罰球線——端線，再返回。

方法 2：熱身跑

手臂繞環跑至對面的端線，等本組隊員全部到達後再返回；也可採用變速跑，練習時，當第一名隊員到達罰球線時，下一名隊員起動。此練習可根據球隊的人數分組，如人多則可分成 6 組。

方法 3：變向切入

兩臂自然屈肘變向切入時強調外側腿用力蹬地，加速。至另一側端線後等本組隊員全部到達後再往回做。

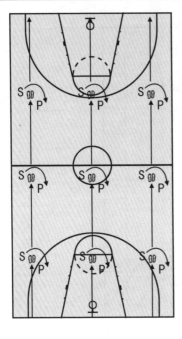

圖 27

圖 28

方法 4：跳步急停

　　保持身體平衡姿勢，兩腳開立與肩寬，屈膝，直腰，臀部下坐，抬頭，保持「三威脅」姿勢（假設雙手持球準備投籃的姿勢）。控制跑動速度，至罰球線時跳步急停，要求兩腳同時著地，但注意不要跳得太高，而應輕輕向上跳起；重心移至臀部，抬頭，否則會失去平衡。注意手的位置（假設雙手持球），隨時準備投籃。

方法 5：前轉身

　　跑至罰球線跳步急停，以右腳為軸前轉身（左腳為擺動腿，轉身面向端線）。要求保持低重心的平衡姿勢，兩腳開立至少與肩同寬，抬頭，雙手假設持球成三威脅姿

勢。然後再做一次前轉身（即向同一方向轉360度，第一次轉180度）。

　　練習時要強調基本動作，特別要注意慢速跑動，不要太快。從端線——罰球線——中線——罰球線——端線，等到本組最後一名隊員完成後再往回做。

　　方法6：後轉身

　　跑至罰球線跳步急停，以左腳為軸後轉身。基本要求同上一練習，即保持低重心的平衡姿勢，兩腳開立至少與肩同寬，抬頭，雙手假設持球成三威脅姿勢。然後再做一次後轉身（即向同一方向轉360度，第一次轉180度）。慢速跑動，不要太快，要有耐心，強調基本功。如果一天能練習幾次，一定能取得長足進步。

　　方法7：跨步轉身

　　跑動中投籃最重要而且難度最大。練習時隊員控制跑速，採用跨步急停，以先著地的腳作中樞腳轉身（一定要強調技術動作符合規則要求，即跨步急停只能以先著地的腳作中樞腳）。跨步前轉身（先做180度轉身，然後做360度轉身）要保持低重心的平衡姿勢。教練可以變換中樞腳做跨步前轉身或練習跨步後轉身。

　　注意，這種腳步動作做起來有一定難度，但對跑動中投籃至關重要。

　　方法8：接球、轉身

　　強調：接球、轉身（保持低重心、平衡、眼睛平視，持球成「三威脅」姿勢）。

　　方法9：接球、轉身、投籃

　　握緊球，轉身保持低重心。

強調：轉身要有攻擊性，保持「三威脅」姿勢，抬頭；投籃後搶籃板。

方法 10：接球、轉身、交叉步突破

如圖 29 所示，突破方向必須朝籃下，要想擺脫防守，一定要用假動作迷惑防守，並且最好是讓防守者後轉身。

強調：利用頭和肩做假動作時一定要加上眼睛的快速上看動作。

方法 11：轉身、突破

如圖 30 所示，重要的是保持低重心，用頭、肩做假動作，但球不要擺動。

強調：轉身、觀察防守、突破。

方法 12：後撤步

如圖 31 所示，當被嚴密防守時，必須用後撤步向籃下進攻（這個動作拉里·伯德做得非常好）。腳和肩必須指向籃圈，保持低重心──像坐著一樣，撤步要大，用右手低運球。

強調：保持低重心，第一步後撤要快。

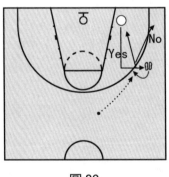

圖 29

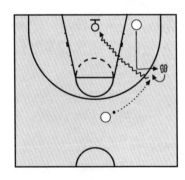

圖 30

圖 31

方法 13：後撤步、跨步轉身跳投

如圖 32 所示，當向後撤步跳投時要保持低重心。

強調：肩對著籃圈，眼睛向上看。

方法 14：後撤步、投籃假動作、運球上籃

如圖 33 所示，觀察防守情況，用頭和肩做假動作，向籃下突破。

強調：保持低重心，抬頭，後撤步要大，低運球，第一步要快。

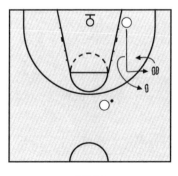

圖 32

圖 33

方法 15：後撤步、跨步轉身、向底線運球突破、跳投

如圖 34 所示，觀察防守，保持低重心，第一步最重要。後撤步的要求同上（撤步要大，保持低重心，肩、腳對著籃圈）。

強調：果斷而突然，抬頭。

方法 16：後撤步、跨步轉身、投籃假動作、向底線運球突破、投籃假動作、投籃

如圖 35 所示，投籃假動作——頭、肩及球隨身體移動；球不要移至頭上；角度——向籃下突破。

強調：保持低重心，重心不要隨假動作而上提。

方法 17：後撤步、跨步轉身、向中間運球、退回跳投

如圖 36 所示，往回撤步移動方法：面對防守向籃下運一次球，誘使防守向籃下移動，然後往回撤步跳投。目的在於在防守與進攻者之間拉開一個空隙，創造良好的投籃機會，這個動作難度較大。

強調：要先向籃下移動再後撤。

方法 18：後撤步、跨步轉身、向底線運球、後撤步跳投

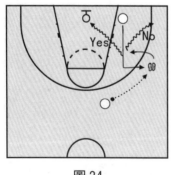

圖 34

圖 35

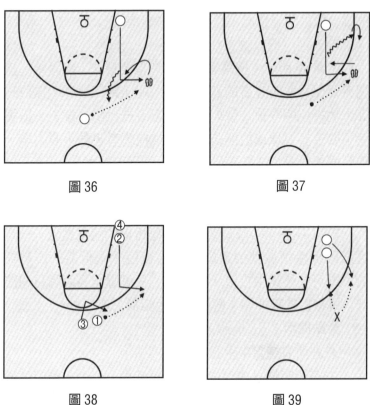

圖 36　　　　　　　　　　　圖 37

圖 38　　　　　　　　　　　圖 39

　　如圖 37 所示，在你與防守之間拉開距離，保持平衡，不要在下落時才出手。

　　強調：動作要連貫，充分運用腳步動作。

　　方法 19：1 對 1 進攻

　　如圖 38 所示，進攻隊員接球根據防守情況後撤步進攻或面向籃轉身進攻。

　　方法 20：2 人重疊進攻

　　如圖 39 所示，重疊站位的兩名進攻隊員拉開到高策應

位置，觀察防守情況，反跑或溜底線進攻。

方法 21：掩　護

如圖 40 所示，掩護者不要急於拉開接球。掩護時，掩護者要保持與防守者的身體接觸，即掩護、轉身、擋住防守，然後拉開空檔（就如同是掩護者被封堵一樣），掩護者不要急於要球或放開防守者。被掩護者起動不要太早，觀察掩護情況，當掩護到位時緊貼掩護者切入。

重點：保持接觸，創造空檔（運用擋拆技術）。

方法 22：投碰板籃練習

如圖 41 所示，隊員要清楚投碰板籃的適宜區域，一旦處於碰板籃區域就要果斷地投碰板籃。碰板籃的優勢在於：既可在移動中投籃（跑投），又可避開高個隊員的防守。碰板籃的瞄準點：籃板上白色矩形上部。

**要點提示：**

① 在所有練習中手必須舉起。

② 在所有轉身練習中保持「三威脅」姿勢，隨時準備投籃。

圖 40

圖 41

③ 重心平衡與腳步動作最重要。

④ 練習隊形非常重要，所有練習要按順序進行。

⑤ 「三威脅」姿勢最為重要，注意球、你、人的選位原則。

⑥ 當靠近球籃時，一切目的就是投籃。

⑦ 每天堅持腳步練習，重點是重心平衡與變化。

## 練習 24　切入

**練習目的：** 提高隊員的切入、掩護和傳球技術。

**練習方法：** 此練習需要一名後衛、一名策應中鋒和一名前鋒。如圖 42、43、44 所示，3 名隊員站在各自的位置上。練習開始，後衛隊員傳球給前鋒隊員，然後借中鋒隊員的定位掩護移動到底位策應區。中鋒隊員上提接球，前鋒隊員再為後衛隊員做掩護，後衛隊員借掩護到底角處接中鋒隊員的傳球面向球籃跳投，中鋒隊員下順至弱側搶籃板球。

**要點提示：**

① 後衛隊員切入、中鋒隊員掩護的品質對練習的效果至關重要。

② 前鋒隊員的掩護品質和後衛隊員的伺機外拉也

**圖 42**

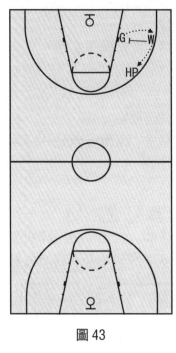

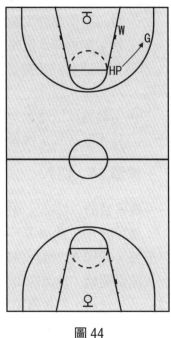

圖 43                                圖 44

第
2
部
分

進
攻
技
術
訓
練

非常重要。

## 練習 25　V 形切

**練習目的**：學習 V 形切技術。

**練習方法**：隊員站位如圖 45 所示。②做 V 形切以擺脫，①傳球給②後排到 ②的排尾；③做 V 形切以擺脫，②傳球給 ③後排到 ③的排尾。

**要點提示**：教隊員做 V 形切時，可放置一個障礙物，令練習者在該處做折切的動作，在練習者做完折切後再傳球給他。要及時糾正動作。

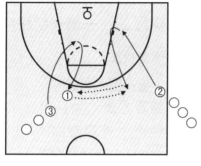

圖 45

## 練習 26　交叉切入

**練習目的**：提高隊員的
控制球技術及切入技術。

**練習方法**：如圖 46 所
示，在球場兩側各有兩組隊
員，一組站在後衛位置，一

圖 46

組站在前鋒位置。在罰球線附近安排一名「策應」隊員。
練習開始，後衛隊員傳球給「策應」隊員，然後同側的前
鋒、後衛進行交叉切入，後衛隊員先動。「策應」隊員接
球後可以傳給任何一名切入的隊員。切入隊員接球後再傳
給對面任何一組，兩名切入隊員繼續跑到對面組的隊尾。
「策應」隊員隨後轉向場地的另一側，繼續上述練習。

　　由於練習開始時的傳球距離較長，「策應」隊員的回
傳球稍短，而向對面組的傳球距離又較長，所以此練習具
有連續性，可作為身體素質訓練。

　　**要點提示**：強調切入路線，切入時機及傳、接球技術
的準確性。

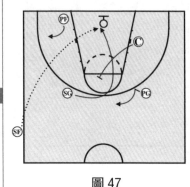

圖 47

## 練習 27　一傳一切配合

**練習目的**：提高快速切入技術，提高配合意識。

**練習方法**：隊員如圖 47 所示站位，SF 發邊線球。PF 首先向 SF 跑動佯裝要球，目的是拉空強側籃下，並在 SF 不能直接傳球到籃下的情況下出來接應球。SG 移動過罰球弧頂給 PG 掩護讓他能夠擺脫防守，並伺機接應 SF 的邊線球。C 抓住機會上提到罰球線給 SG 做後掩護，這樣的跑位已拉空籃下，SG 果斷迅速地起動擺脫防守直插籃下。

如跑出空檔，SF 應及時長傳吊球到籃下讓 SG 投籃。如果這個機會失去，SF 可以傳球給 3 分線弧頂的 PG，也可以傳給側翼位置的 PF。

**要點提示**：在這個練習中，移動要迅速、及時，配合要默契。

## 練習 28　擋　拆

**練習目的**：練習擋拆配合（掩護—轉身—切入），提高無球移動技術。

**練習方法**：如圖 48 所示，練習需要兩名隊員（X1、X2）和一名教練員，教練員手持兩球。

練習開始，X1 給 X2 做掩護，X2 借助 X1 的掩護擺脫防守接教練員的傳球跳投，X1 在掩護後接著做後轉身向內

圖 48

圖 49

線切入接教練員的傳球投籃。如果隊員已掌握了基本的擋拆配合和投籃技術，就可以增加第三名隊員 X3 和另一名持球的教練員。

如圖 49 所示的就是擋拆配合中出現的三個投籃機會：X1 給 X2 做完掩護，後轉身切入到內線接球投籃；X2 利用 X1 的掩護在移動中接教練員的傳球後，又立即傳給擺脫防守移動到場角處的 X3，X3 接球跳投；X2 向 X3 傳球後，繼續移動穿越限制區後接教練員傳球跳投。

**要點提示：**

① 教練員要強調隊員在掩護移動中運用正確的腳步動作和身體姿勢。

② 隊員必須始終運用正確的投籃技術和其他攻擊行動的基本功。

### 練習 29　掩護與轉身切入

**練習目的：**訓練隊員腳步移動技術和掩護配合的方法，尤其是「掩護——轉身——切入」動作的連貫性與節

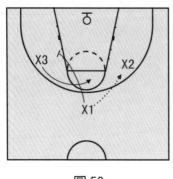

圖 50

奏性。

**練習方法**：隊員 3 人一組，如圖 50 所示落位，X1 從弧頂位置將球傳給 X2，然後跑過去給 X3 做掩護，X3 將防守者帶到 X1 的掩護範圍，並緊貼 X1 身邊切入準備接 X2 的傳球，X1 在做完掩護動作的第一個「擋人」動作（面對 X3 的防守者，兩腳著地，兩肘彎曲，舉前臂於胸前，阻攔對手運用「擠過」的防守方法）之後，緊接著再做第二個「擋人」動作（以掩護擋人時遠離同伴的那隻腳為軸，做後轉身，轉頭撤步，兩眼緊盯著被掩護同伴的移動，阻攔對手運用「穿過」的防守方法），隨即切向籃下準備接球攻擊。

X2 根據情況把球傳給獲得第一機會的 X3，或傳給出現了第二機會的 X1，教練員也可提前規定 X2 把球傳給哪一個機會。為了增加練習的難度，教練員還可視情況增加一名或更多的防守隊員。

**要點提示**：教練員要強調隊員在掩護移動中運用正確的腳步動作和身體姿勢。

### 練習 30　4 人移動

**練習目的**：提高隊員的快速移動和在全速移動中上籃的能力。

**練習方法**：如圖 51 所示，將全隊分成 4 組，每組分別站在兩半場邊線的中間位置。此練習從隊員 X1 在籃下搶

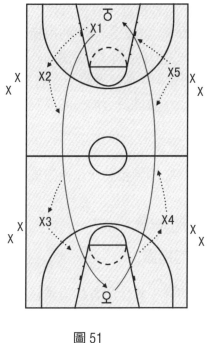

圖 51

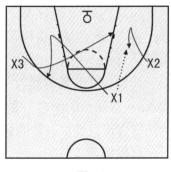

圖 52

籃板球開始。X1 首先傳球給左側組的第 1 名隊員 X2，然後按逆時針方向快下，在快下的過程中接 X2 的回傳球再傳球給第二組隊員的第 1 名隊員 X3，再接 X3 的回傳球全速上籃，搶到籃板球後，從另一側繼續上述練習。

每名傳球隊員在傳球後站到下一組的排尾，上籃隊員站到第一組排尾。這個練習幾個人可以同時進行。

**要點提示**：此練習的重點是快速移動訓練，同時也要強調練習隊員在全速移動中的上籃和傳球的準確性。

### 練習 31　三人掩護

**練習目的**：培養隊員的掩護配合意識，以及訓練隊員在配合行動中所必需的腳步移動、傳球和掩護技術。

**練習方法**：隊員 3 人一組，如圖 52 所示落位，X1 持

球並將球傳給側翼的 X2，X2 先向裏壓進，然後突然反跑移出接 X1 的傳球。X1 傳球後給 X3 做掩護，X3 利用掩護擺脫防守衝向籃下，準備接 X2 的傳球；而 X1 突然向外拉出，伺機接 2 的傳球跳投。X2可以把球傳給擺脫防守的 X1 或 X3。當隊員的配合行動熟練後，教練員可加一名或更多的防守隊員以增加練習的難度。

**要點提示：**

① 練習的重點為無球隊員移動的腳步動作和掩護後的二次進攻。

② 進攻隊員之間要保持合理的距離。

### 練習 32　兩名策應隊員的掩護

**練習目的：**提高策應隊員的腳步動作品質和掩護技術水準，練習傳接球技術。

**練習方法：**該練習每組需 7 名隊員，如圖 53 所示，兩名內線進攻隊員和兩名防守隊員落位於限制區兩側高策應位置或低策應位置，3 名外圍隊員落位於罰球區弧頂和兩翼位置。

練習開始，弧頂隊員把球傳給兩翼的任何一名隊員，有球一側（強側）的內線隊員轉身向籃下壓擠防守隊員，以便獲得一個良好的接球攻擊機會。如果側翼隊員沒有傳球，2 秒鐘之後，這名內線隊員就要為弱側的內線隊員做掩護，

圖 53

弱側的內線隊員在掩護下擺脫防守，插進限制區接外圍側翼隊員的傳球進行攻擊。

　　該練習要求隊員全力以赴，球要在外圍 3 名隊員之間來回不斷地轉移，直到有機會傳給利用掩護成功擺脫防守的內線隊員完成攻擊為止。

　　**要點提示**：教練員應該特別注意內線隊員的腳步動作和掩護技術，以及在限制區內所停留的時間。

### 練習 33　中鋒和大前鋒的掩護配合

　　**練習目的**：隊員在罰球區附近站位，練習擲界外球進攻。

　　**練習方法**：隊員 SG 在底線外發球，其他隊員的站位如圖 54 所示。進攻隊員按照圖 55 所示的路線移動，PF 給 C 做掩護。當 C 按圖示路線向 SF 靠近時，SF 則移動至高策應位置為 PG 做掩護，PG 迅速擺脫防守至強側翼要球，SF 完成掩護後轉身向限制區內切入要球進攻。

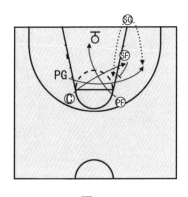

圖 54

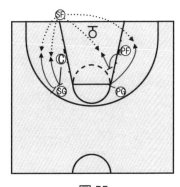

圖 55

　　圖 55 和圖 56 所示為界外球發出後進攻隊員可作的不同選擇。在圖 56 中，PG 接球回傳給 SF，SG 由 PF 的掩護，溜底線至圖示位置接 SF 的傳球迅速跳投。如果 SG 沒有投籃機會，可以傳球給低策應位置的 PF。如果這個機會也不存在，C 要橫跨限制區上提至強側高策應位置接 SG 的傳球進攻。

　　**要點提示：**PF 應盡力擋住 C 的防守隊員。

## 練習 34　擠壓式掩護配合

　　**練習目的：**隊員集結站位，練習發界外球進攻戰術。

　　**練習方法：**如圖 57 所示，此練習由 SG 擲界外球開始，其餘進攻隊員沿限制區一側並排集結站位。當 PF 快速拉邊時，C 和 SF 緊緊靠近，形成一個擠壓式的雙人掩護，以擋住 PF 的防守者。當 PF 向側翼拉開時，PG 繞過雙人掩護並擋住任何一名跟出去防守 PF 的對手，然後切入籃下並拉到球場的另一側。PF 接到 SG 的發球迅速跳投。

圖 56

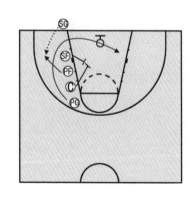

圖 57

要點提示：

① 雙人掩護應迅速而堅決。

② PF 拉開後，PG 繞雙人掩護的行動時機是關鍵。

## 練習 35　端線界外球

**練習目的**：提高隊員切入、掩護等無球移動技術和發底線界外球的能力。

**練習方法**：如圖 58、59 所示，4 名隊員（①、②、④、⑤）分別站在底位策應區（④、⑤）和上位策應區（①、②），隊員⑤的位置要略高於對側的隊員④。這一練習包括兩個進攻配合的機會。

一是弱側的隊員②先向籃下猛切，強側的隊員①和⑤同時在罰球線為隊員②做雙掩護，隊員②利用掩護移動到前鋒進攻位置接底線隊員③的發球，是很好的一次進攻投籃機會；二是如果隊員②沒有投籃，則由弱側隊員④和強側隊員①在限制區內為隊員③做雙掩護，使其有機會在罰

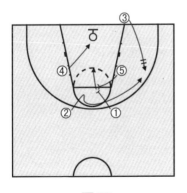

圖 58

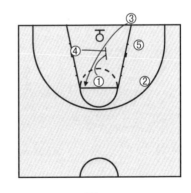

圖 59

球線附近接隊員②的傳球，從而獲得投籃機會。

**要點提示：**

① 在練習中，切入隊員的移動要「突然」，掩護隊員的動作要正確，才能提高練習的效果。防守隊員的換防，會影響雙掩護的效果。

② 投籃隊員在接球後要面向球籃，並且要儘快投籃。

### 練習 36　發邊線界外球

**練習目的：**提高隊員策應、掩護等無球移動技術及發邊線界外球的能力。

**練習方法：**眾所周知，發邊線界外球進攻要比發底線界外球進攻困難得多。如圖 60、61 所示，兩名後衛隊員（①、②）站在罰球弧頂的兩側，另外兩名進攻隊員（④、⑤）重疊站在強側低位策應區。

練習開始，隊員②向弱側移動，為隊員①做掩護。隊員①借隊員②的掩護擺脫，接隊員③傳出的邊線界外球，繼續向強側運球，然後將球傳給隊員②。隊員②運球到 45

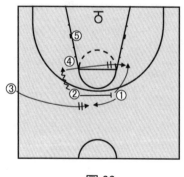

圖 60

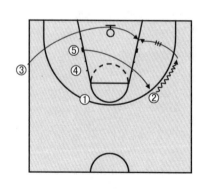

圖 61

度位置，此時會出現兩次進攻機會。第 1 次進攻投籃機會是隊員⑤上提到罰球線位置接球投籃；第 2 次進攻投籃機會是發球隊員③溜底線，繞過隊員⑤和④，在籃下接隊員②的傳球進攻投籃。

**要點提示：**在練習過程中，隊員①向隊員②的傳球會轉移防守隊員的注意力，這會為進攻方創造良好的進攻機會。兩名切入隊員一定要抓住這一有利時機進行攻擊。

### 練習37　後掩護

**練習目的：**訓練隊員後掩護配合的方法，提高隊員利用掩護切入的能力。

**練習方法：**如圖 62 所示，X1 傳球給 X2，然後去給 X2 做後掩護。X2 在假想的防守者面前先做同側步突破虛晃，再接交叉步突破，左手運球，利用 X1 的掩護甩掉防守上籃。

在圖 63 中，增加一名中鋒 X3 落位於罰球線外，形成兩名外圍隊員、一名內線隊員的外策應交叉切入配合練

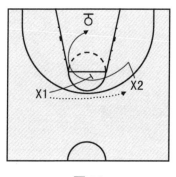

圖 62

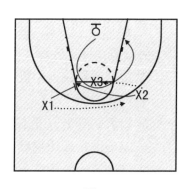

圖 63

習，X2 接 X1 的傳球後，再將球傳給 X3，就在第二次傳球後，X1 跑到線的外側給 X2 做掩護，X2 利用掩護甩掉防守向籃下切入接 X3 的策應傳球投籃，X1 掩護後繞過中鋒 X3 的定位掩護繼續向低策應位置移動，X3 在 X2 沒有機會的情況下將球傳給 X1 進攻。

**要點提示：**

① 教練員應強調掩護配合的時機與品質。

② 教練員還要強調為了擺脫防守隊員，被掩護隊員應儘量貼近掩護隊員切入。

### 練習 38　中鋒策應練習

**練習目的：**提高青年中鋒運動員快速向球移動搶位的能力。

**練習方法：**中鋒在教練的推打下從限制區一側擺脫快速移動至另一側搶站位置，中鋒在移動中要用身體感覺防守，移動中教練始終用一袋子推中鋒隊員。

**要點提示：**

① 從限制區一側做 V 形切入擺脫防守（圖 64）。

② 搶佔有利位置，保持低重心，有一隻手臂擋住防守，另一隻手伸出要球（圖 65）。

③ 接球前輕跳，用雙手接球。

④ 持球於顎下。

⑤ 對著防守者腿部下蹲並觀察防守位置。

⑥ 準備進行進攻移動。

⑦ 訓練基本的中鋒移動（圖 66）：

● 後撤步／用力量對抗。

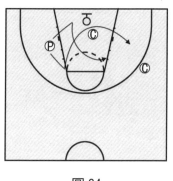

圖 64

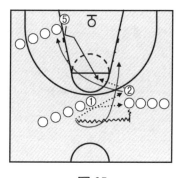

圖 65

圖 66

- 上提、下沉。
- 跳起勾手投籃。

　　然後在高策應位置增加一名傳球者，在低策應位置的中鋒必須擋住防守接球進攻。

### 練習 39　掩護與投籃

　　**練習目的**：練習掩護配合，提高隊員擺脫移動接球投籃的能力。

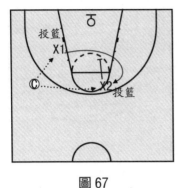

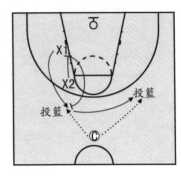

圖 67　　　　　　　　　圖 68

第 2 部分　進攻技術訓練

**練習方法**：如圖 67 所示，此練習需要一名持兩球的教練員，一名投籃隊員 X1 落位於低策應位置和一名掩護隊員 X2 落位於高策應位置。

練習開始時，X1 與 X2 做交叉掩護，X1 由掩護上提至罰球線接教練員的傳球跳投，X2 籃下轉身搶位接教練員傳球強行投籃；圖 68 所示是此配合的變化，X2 給 X1 做掩護，X1 利用掩護向上擺脫接教練員的傳球跳投，然後 X2 上提給 X1 做第二次掩護，X1 利用掩護向另一側外圍擺脫接教練員的傳球投籃。

**要點提示：**

① 隊員要利用正確的投籃技術和基本功。

② 在掩護後轉身的腳步動作要正確。

# 三、運球技術訓練

## 練習 40　高運球

**練習目的：**學習高運球技術，增強球感。

**練習方法：**隊員如圖 69 所示站位。以高運球姿勢向場地另一端快速運球，抵達遠端後做後轉身（或前轉身），然後運球折返。返回時在距下一名隊員 4～5 公尺處做急停，並用胸前或擊地傳球的方法將球傳給他。

去時用右手運球，返回時用左手運球。還可將隊員分成若干組，用此練習做運球比賽，也可讓小個兒隊員與大個兒隊員比賽。

**要點提示：**

① 高運球時，上體和膝部要放鬆。

② 球應處於膝部 0.5～1 公尺的前方，球應反彈至腰部的高度。

③ 應向身體的外側方推按，使球離開自己的腳和膝部位置，避免失誤。

圖 69

④ 眼睛要正視前方，不要看球。用手指和指根部觸球。

## 練習 41　低運球

**練習目的：**學習低運球，提高球感。

**練習方法：**隊員如圖 70 所示站位。按圖所示路線低運球，可做鋸齒形前進，但不得偏離中線兩步以上。去時用左手運球，返回時用右手運球。抵達另端端線後做後（前）轉身，然後折返。

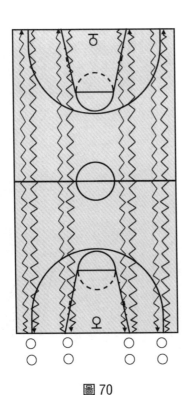

圖 70

返回時，在距下一名隊員 4～5 公尺處做雙腳跳步急停，然後用胸前或擊地傳球的方法把球傳給他。可還可將隊員分成若干組，用此練習進行比賽，也可讓小個兒隊員與大個兒隊員進行比賽。

**要點提示：**

① 低運球要注意屈膝、屈體的動作，不要注意跑進速度而要注意運球快速性和保護好球。非運球手的肘關節要屈成 90 度，前臂平行地面。

② 球應處於膝部外側 0.5 ～1 公尺遠的地

方，要樹立實戰感，使自己的身體處於對手與球之間。

③ 要將球控制在體側，但要離開膝部和腳，以免失誤。

④ 眼睛要正視前方，不要看球，用手指和指根部觸球。

## 練習42　直線運球

**練習目的：**提高隊員快速中控制球的能力。

**練習方法：**如圖71所示，分成人數相等的3組分別站在球場兩邊，每組拿一個球。首先，持球隊員向前快速運球至兩邊線距離的1/3處並盡可能快地退回，然後運球至2/3處並退回1/3；如此方法重複練習至對側，用雙手胸前傳球給對面的同組隊員，並立即上前防守持球隊員，持球隊員可運用轉身或跨步擺脫防守。

**要點提示：**運球速度快、運球時抬頭，加速與急停。

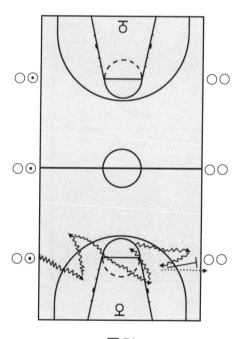

圖 71

67

第2部分　進攻技術訓練

### 練習 43　直線虛晃運球

**練習目的：**練習各種控制球技術。

**練習方法：**如圖 72 所示，運球隊員沿邊線或端線的一側向前運球兩次（例如採用右手運球），當第三次運球時，要將球在空中做一個向左晃的動作（即第二次運球反彈起後用右手接觸球的右側向左帶，當球剛越過線時，右手帶著球轉至右手接觸球的左上部，這時再向右下方按壓球，使球落回到線的右側地面，完成空中虛晃動作）。

這個練習可提高運球隊員向前直線運球時對球的控制能力。當隊員掌握了動作技術並取得明顯的進步後，在練習中可以要求隊員在速度變化的基礎上增加頭部及肩部的假動作。

**要點提示：**對初學者的要求重點在球性的熟練程度與養成抬頭運球的習慣上。

### 練習 44　變速運球

**練習目的：**學習運球急停急起技術。

**練習方法：**隊員站位

圖 72

第 2 部分　進攻技術訓練

如圖 73 所示。按圖所示路線運球，拍幾下球後，急停，然後再做突然性的快速強力運球動作，再急停，再突然起動。在急停與下一次起動之前，應做頭部和肩部的後撤（後倚）動作（停頓性運球），這個動作會使對手的防守動作受到影響而難以對付隨之而來的突然起動。運球抵達另一端線後，做前轉身，再運球返回起點。在運球過程中，每拍 3 或 4 次球後即做一次急停和再突然起動的動作。

圖 73

在做此練習時，先用右手，回程換成左手運球。運球返回時，在距下一名隊員 4～5 公尺處做雙腳跳步急停，並將球傳給下一名隊員，傳球的方法是胸前傳球或擊地傳球。可連續兩次往返運球，練左右手。

**要點提示：**

① 強調急停穩，再起動時突然，運球快速有力。

② 在急停與下一次起動之前，頭部和肩部的後撤（後倚）動作（停頓性運球）要逼真。

③ 眼睛要正視前方，不要看球。

### 練習 45　運球繞障礙物

**練習目的**：提高控制球能力及變向運球技術。

**練習方法**：將塔形或錐形障礙物置於場上各個不同位置，如圖 74 所示僅為方法的一種。

隊員運球繞障礙物，可在整個練習中用同一方法繞障礙物，也可以按教練員要求在不同的障礙物處做不同的運球移動練習。當一名隊員運球繞過第一個障礙物後，下一名隊員即可開始運球。也可不做特定的運球移動動作繞過障礙物，而採用圍繞障礙物運球的練習，這是分組比賽時一個有趣的練習。

**要點提示**：運用多種變向運球方法，運球時眼睛要正視前方，不要看球。

### 練習 46　全場變向運球

**練習目的**：提高變向運球及快攻結束段的進攻能力。

**練習方法**：如圖 75 所示，在場地兩側按「Z 字形」分別放置 4 個錐形物，隊員持球在端線，教練站在限制區中間。練習開始時，第一名隊員先將球傳給教練，隨即跑向第一個錐形物並接回傳球，運球變向跑向下一個錐形物；通過最後一個錐形物後投籃進攻，並衝搶籃板球從另一側以同樣方法做回來。

當第一名隊員通過第一個錐形物時，下一名隊員開始傳球，以同樣方法練習。練習 4 個來回後暫停，隊員們練習罰球，罰球練習後換邊繼續進行練習。

**要點提示**：保持低重心，盡可能快地變向運球。

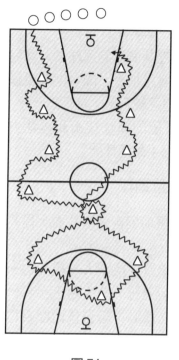

圖 74

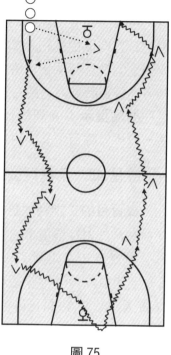

圖 75

## 練習 47　四人追逐運球

　　**練習目的：**提高雙手（尤其是弱手）的運球能力，發展耐力素質。

　　**練習方法：**如圖 76 所示，教練員將 4 個標誌物放在場內，作為一個四邊形的 4 個頂點，4 名隊員，每人持一個球站在標誌物旁。

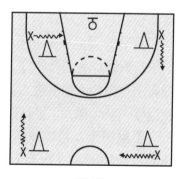

圖 76

　　當教練員發出開始的指令後，4 名隊員同時用左手按順時針方向從標誌物外側運球追趕其前面的運球者。當完成預定的練習時間後，教練員再發出指令，隊員則改變移動方向按逆時針方向做右手運球追逐練習。

　　**要點提示**：強調隊員運用正確的運球技術和控球方法。青少年隊員尤其要注意提高弱手的運球能力。

### 練習 48　前進與後退推、拉運球

　　**練習目的**：訓練隊員後拉接體前變向運球技術，提高隊員在激烈對抗環境下的運球技巧。

　　**練習方法**：如圖 77 所示，隊員分成兩人一組（○、X），其中隊員○持球站在底線與邊線的交點附近，另一隊員 X 站在其對面正確的防守位置上（起監督與配合作用）。

　　隊員向前運球，首先用右手線上的右側向前推放球，接著向後退，並且採用後拉運球。隊員 X 不僅要監督運球隊員按要求完成運球練習，還要保持原來的防守距離，並將手伸到頭上不斷變換運球。每 30 秒鐘兩人交換一次。運球者要左右手交換練習。

　　隨著練習品質的提高，教練員還可以給每組再增加一名隊員對運球者進行防守，使運球者不但要兼顧防守者，還要報出正確的手指個數。這種練習有助於提高隊員運球的熟練程度，並且擴大了運球隊員的視野。

　　**要點提示**：重點應放在正確地掌握與運用運球時的推球與拉球技術，以及手、腳、身體協調配合的能力，強調運球者要始終抬頭運球。

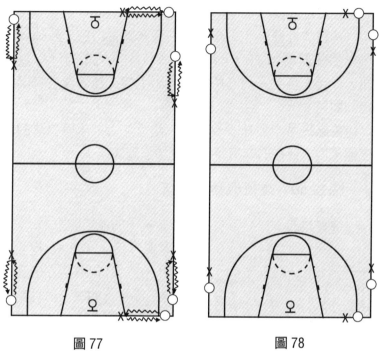

圖 77　　　　　　　　　圖 78

## 練習 49　後拉與體前變向運球

**練習目的**：練習回拉體前變向運球技術，提高身體的協調能力。

**練習方法**：如圖 78 所示，持球隊員○站在底線與邊線的交點附近，另一隊員 X 站在其對面正確的防守位置上。隊員○先用右手線上的右側向前用力運球兩次，接著後退採用右手後拉運球，然後立即銜接體前變向交叉步運球突破。運球者向後拉球與體前變向運球的速度要比防守隊員上前防守的速度快，並且運球手同側的腿要退回到運球前

的身體位置之後。

　　練習 2 分鐘後，每組的兩人交換練習角色。教練員也可以給每組再增加一名隊員，令該隊員站在防守隊員後面，舉起一隻手，隨心所欲地伸出手指，讓運球者喊出手指的數目。

　　**要點提示**：運球者要抬頭，儘量加大推球與拉球的幅度與速度，最後的交叉步突破更要強調快速。

### 練習 50　後拉與轉身運球

　　**練習目的**：提高隊員在激烈對抗下的運球能力。

圖 79

　　**練習方法**：（如圖 79）兩人一組，持球隊員○站在邊線（中線或端線）的端點附近，另一隊員 X 在其前面選好防守位置。持球隊員要在向前運球過程中完成後轉身運球。當運球隊員（假設用右手）運球接近防守隊員時，應以異側的腳（即左腳）接近防守者並以其作中樞腳，身體沿順時針方向轉動，與運球手同側的腳（右腳）亦隨身體的轉動而後撤，運球手（右手）也隨身體的轉動將球拉向身後，使球落在後撤腳的外側，球落地後反彈起來的方向應與隊員轉身後的移動方向一致。轉身的力量來自

蹬地與轉體，積極地轉頭、轉肩有利於轉身的完成。

運球者完成轉身後盡可能地沿著轉身前的方向換手運球加速前進。2分鐘後每組兩人交換角色。

教練員也可以讓運球者用半轉身代替轉身，半轉身的動作與轉身動作一樣，只不過身體轉動的幅度較小（轉到面向後即可），撤步腳（右腳）不超過中樞腳的位置，右手的拉球幅度也較小，半轉身是半個節奏的動作，撤步腳落地後馬上蹬地沿逆時針方向轉動並向前跨出，右手也從拉球變成向前推球繼續沿著轉身前的方向前進。

每組還可以增加一名隊員站在防守者在後面，像前面練習一樣，讓運球者說出第三名隊員所伸出手指的個數。

**要點提示**：教練員應始終注意培養隊員快速運球轉身、保持重心平穩與控制球的能力，而且要求隊員保持抬頭運球。

### 練習 51　運球追逐

**練習目的**：訓練隊員在高速追逐中的運球技術，發展耐力，提高練習的趣味性。

**練習方法**：如圖 80 所示，此練習在半場內進行，練習者每人一球。練習開始，兩名隊員被指定為追逐者，他們相鄰的兩手互相牽拉，另一隻手運球並設法抓到其他的隊員；而其他隊員作為被追逐者則要設法躲避。

圖 80

練習時應注意所有隊員都要持續運球。被追逐者丟球或出界，就要變成追逐者去抓別人；而追逐者在抓人中如丟球或出界，則將繼續充當追逐者。

**要點提示：**

① 教練員根據本隊的實際情況確定練習持續的時間。

② 隨著隊員練習水準的提高，可以增加弱手的運球練習。

### 練習 52　雙手運兩球接力比賽

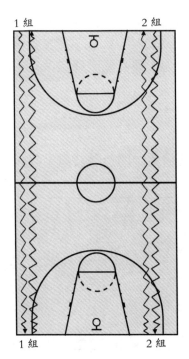

圖 81

**練習目的：**提高隊員在全速行進中用任意一隻手運球的能力。

**練習方法：**如圖 81 所示，教練員將全隊分成人數相等的兩個大組，每個大組再平均分成兩個小組相對站在兩端線外。聽到教練員開始的哨音後，兩個大組的第一名隊員同時出發，每名隊員用雙手各運一球，以最快地速度跑向對面端線，到達後把球交給同伴，同伴同樣運兩球跑向對面，如此往返接力式運球，先做完的組獲勝。

如果某隊員在運球進程中丟球，必須回到自己的起點處

重新開始運球。教練員也可事先指定用強手或者用弱手運一個球進行比賽。

**要點提示**：運球時必須保持抬頭。

## 練習 53　「爭王」運球遊戲

**練習目的**：提高隊員在對抗中保護球的能力。

**練習方法**：如圖 82 所示，參加練習的 5 名隊員每人手持一球，站在罰球線所在的圓圈內。教練員發出信號後，5 名隊員同時開始運球，每名隊員在運球時，一面要保護好自己的球，同時爭取把別人的球打出圈外。球出圈外的隊員被取消繼續練習的資格，直到圈內只剩一名隊員，遊戲才告結束。

教練員可以讓被打掉球的隊員進行全場往返衝刺跑（10 秒內完成），以提高練習的競爭性，同時也給練習增加身體素質訓練的因素。

**要點提示**：運球時必須抬頭，以便隨時觀察其他隊員的位置，提高攻擊與防範的機警性。

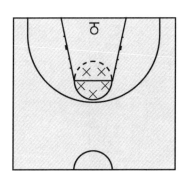

圖 82

### 練習 54　Z 字形運球

**練習目的**：提高隊員的控球技術。

**練習方法**：如圖 83 所示，將全隊分成 3 組，排成縱隊站在底線外，每組一球。每組的第 1 名隊員進入場地內，對第 2 名隊員的運球進行全場防守。

每組的練習區域大約占整場的 1 / 3。運球隊員只能在此範圍內根據防守隊員的位置，運用體前變向運球、背後運球、胯下運球等技術運球至另一側底線。

**要點提示：**

① 運球隊員要大膽運用各種運球技術。通過變向避開防守隊員，還要能夠護好球。

② 運球隊員變向時，不要讓防守隊員看出變向的意圖。防守隊員要始終保持對運球隊員施加壓力。

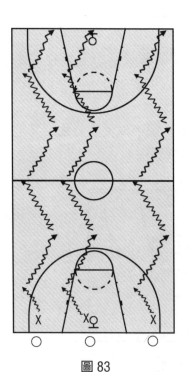

圖 83

## 練習 55 「迷魂陣」運球

**練習目的：**提高隊員控球的能力和信心。

**練習方法：**如圖 84 所示，在限制區兩側站位線等距離各站 4～6 名隊員，面向中線。每名隊員的一隻腳置於限制區外，另一隻腳置於限制區內，組成一個「迷魂陣」。練習隊員從罰球線開始，運球穿過「迷魂陣」到底線，然後再運球返回到罰球線，不能丟球。站在限制區兩側的隊員用手拍擊運球隊員的球，但不能將失控球用雙手拿住。如果運球隊員的球失控，他可以迅速在失控地點用雙手抓住球，然後再繼續運球。

在整個練習過程，限制區兩側的隊員不能阻止運球隊員的行動或將其拉住。隊員從罰球線運球過「迷魂陣」到底線並安全返回，則將球交給罰球線上的下一名隊員。依此類推。

**要點提示：**

① 在練習中，運球隊員要時刻注意用身體保護球，在球失控時要迅速用雙手將球抓住。

② 運球隊員面臨對球失去控制時，應迅速停止運球。

圖 84

## 練習 56　運球擺脫防守

**練習目的：**提高運球隊員在緊逼防守下的控球能力。

**練習方法：**該練習需要隊員全力進行，如圖 85 所示，在中線附近，一名隊員○持球進攻，另一名隊員 X 緊逼防守。練習開始，持球隊員以盡可能長的時間控制運球為目的，防守隊員則全力防守，積極偷、搶球，造成進攻隊員的球失控，或者迫使其停止運球。運球隊員丟球後兩人交換練習。教練員可以給每組再增加一名防守隊員，形成二防一，以提高運球者保護球的難度，還可以對進攻隊員限定區域來增加對抗的激烈程度（如限定在半場的一半區域

圖 85

內進行練習）。

**要點提示**：運球隊員要提高控球能力，使任何一隻手都能熟練地進行變向運球或運球轉身；並在練習的整個過程中時刻保持抬頭觀察。

### 練習 57　「淘汰式」搶球

**練習目的**：提高隊員在對抗中的運球技巧，發展身體的機能水準。

**練習方法**：如圖 86 所示，5 名隊員站在端線後，罰球線上放 4 個球。聽到教練員的指令，5 名隊員同時去衝搶球。4 名搶到球的隊員在半場內運球，沒搶到球的隊員要去追搶其他隊員的球。當事先設定的時間（30 秒到 1 分鐘）結束，沒有球的隊員被淘汰，他必須按教練員的事先規定做全場往返全力衝刺跑。

練習繼續，剩下的 4 名隊員再爭搶 3 個球，3 名隊員等搶 2 個球，直到剩下 2 名隊員爭搶 1 個球。每次被淘汰的隊員都要全力完成全場往返衝刺跑。

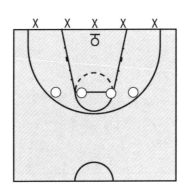

**圖 86**

要點提示：

① 教練員可以根據預定的運動量來調整每段練習時的長短。

② 可以由縮小練習的區域來提高爭搶球的激烈程度，並加大保護球的難度。

### 練習 58　全場運球上籃

**練習目的：**提高快速運球能力。

**練習方法：**如圖 87 所示，以右手運球為例，隊員持球

第2部分　進攻技術訓練

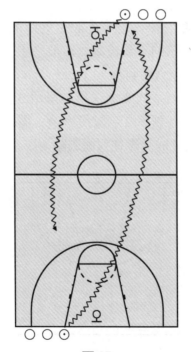

圖 87

站在端線，然後向對側籃運球上籃，要求最多只能運4次球。對側籃下的隊員必須在球落地前搶獲籃板球，並以同樣方法運球上籃。每人練習5次。

**要點提示：**

① 剛開始練習時有一定難度，必須用力推運球才能做到。

② 此練習兩端線同時開始，當教練吹哨時變換運球方向。

### 練習59　跨步運球練習

**練習目的：** 學習跨步式運球、後撤步，並運一下球、運球轉身、運球半轉身，糾正不正確的腳步動作。

**練習方法：** 隊員如圖88所示，站在罰球區的一側。隊員①從圖中位置區域手持球，先用左腳蹬地，右腳向右方橫跨一步，同時左腳向右方跟進，做橫滑跳停的動作，與

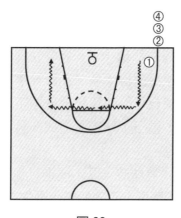

圖88

此同時拍一下球，立即接住球，以低的身體稍前傾、雙腳著地的姿勢結束這一動作。

接著，立即重複此整個動作，直至抵達另一側的內側應位置為止，並在此等候其他隊員。當隊員①完成第一次跨步運球跳停後，隊員②開始按同樣的路線、方向跟著練習。依此順序練習，待全體隊員都抵達另側時，回到原來位置。此練習可重複多次。

**要點提示：**

① 跨步運球時，內策應隊員應先移動與前進方向處於同側的腳，這一移動是一大步。

比方說，他是以右腳開始先移動，那就用相反一側的手，即左手拍一下球，而且球必須拍在兩腿中間，以防外圍縮防的協防隊員把球打掉，他要打使他只能打在內策應隊員的腿上。球要拍得低而快，拍球的同時左腳也要向右腳方向迅速地移動一大步，左腳落地的同時拍球者要用雙手緊緊接得球，這樣就可用任何一隻腳做中樞腳。

如向相反方向練習時，動作結構相同，只是左右手和腳的順序改變了。

② 內策應隊員在握球後，一定要快速有力地使球靠緊身體，儘量不使球暴露得太多。在隊員掌握了跨步運球一下的動作後，教練員可以教跨步運球兩下的動作，但絕不可讓他們拍三下，拍三下球容易造成 3 秒違例，也容易被對方協防者所制約。

③ 學習跨步式運球時，既不要走步也不要丟掉有利的腳步位置。在內策應區，正確的腳步動作是極其重要的。

# 四、傳接球技術訓練

## 練習 60　原地傳接球

**練習目的：**改進傳接球技術。

**練習方法：**如圖 89 所示，2 人 1 組 1 球相距 5 公尺，進行原地傳接球練習。首先進行雙手胸前傳球，然後進行雙手反彈傳球，最後進行持球做假動作、轉身、背後傳球。

**要點提示：**強調各種傳接球技術的動作規範和技術細節。

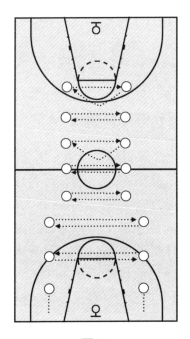

圖 89

## 練習 61　兩人移動傳球

**練習目的**：訓練隊員傳、接球的基本功。

**練習方法**：如圖 90 所示，隊員 2 人 1 組，每組 1 球。練習開始，持球隊員傳球，無球隊員做一個逼真的擺脫切入動作，並伸手示意指出適於接球的位置。接球隊員要在移動中接球，不能使球落地，並要在完成接球急停動作後立即進入傳球的準備狀態。

隨著隊員技術的提高，可加入運球突破時傳球，以及給反切的無球隊員傳球等內容。

**要點提示：**

① 強調隊員切入的品質、擺脫及時接球以及接球後快速進入傳球狀態。

② 為了完成擺脫接球以及銜接下一次傳球，應合理利用手臂、身體與腳步動作。

## 練習 62　移動傳球練習

**練習目的**：提高隊員移動中傳、接球的能力。

**練習方法**：如圖 91 所示，將全隊分成 4 組，分別站在邊長為 6 公尺的正方形 4 個角上，每組人數不限。

練習開始，隊員①傳球給右側組的隊員③，然後向中間切入，到場地中間時接隊員③的回傳球再傳給對面組的隊員②，跑到對面組的排尾。隊員③回傳球給隊員①後向內切入，接右側組隊員②的傳球後再傳給對面組的第 1 名隊員，以此類推。

每名隊員要完成接球、傳球、切入、接球、傳球練

圖 90

圖 91

習，然後跑到對面組排尾。

**要點提示：**

① 在此練習中，每一次傳球要使接球隊員容易接到和容易處理。

② 大密度做此練習可以提高隊員的移動速度和身體素質。

## 練習 63　跑動傳接球

**練習目的：**提高隊員傳球和接球的能力。

**練習方法：**如圖 92、93 所示，將全隊等分為 4 組，每組站在邊長為 6 公尺的正方形的四個角上。練習開始，X1

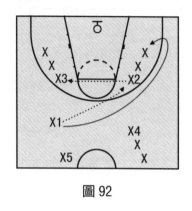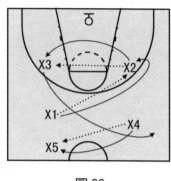

圖 92　　　　　　　　　圖 93

傳球給對面組的 X2，X2 再傳球給右側組的 X3，X3 再傳球給對面組的 X4。每名隊員傳球後，要立即沿傳球路線（從右側）跑到該組隊尾。

　　這個練習也可以由兩名隊員 X1 和 X3 同時發起。球和隊員的移動路線大致成「X」形。

　　**要點提示：**

　　① 在練習中，重點強調傳球和接球的品質。

　　② 運用球的轉移和隊員有規律的跑動，能夠提高隊員的戰術意識。

### 練習 64　雙人全場對面側滑步傳接球

　　**練習目的：**提高側滑步及移動中傳接球技術。

　　**練習方法：**隊員站位如圖 94 所示。兩隊排頭隊員用側滑步向場內移動，並在移動中用教練員指定的方法做傳接球，直至達到球場另一端線為止。其餘隊員依次做同樣的練習。教練員指定每一往返練習過程中應使用的練習方法，隊員接球後要在不走步的情況下立即將球回傳給同伴。

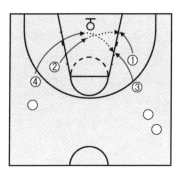

圖 94

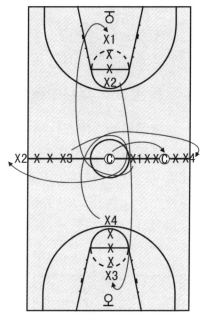

**要點提示：**

① 傳球時不要走步違例。要注意側滑步做的是否正確。

② 向左滑步時，左腳向左跨出一大步，然後右腳向左側滑步跟進至接

圖 95

近左腳時，左腳再開始向左滑出。如此繼續下去，但兩腳永遠不得在體前做交叉動作。

## 練習 65　雙人全場對面側滑步傳接球

**練習目的：**提高腳步移動及用眼、臂、手、腕正確傳接球的能力。

**練習說明：**如圖 95 所示，教練 C 首先站在中圈，C 傳球給 X1，X1 將球回傳給 C，然後 X1 繞半圈跑至 X2 的隊尾，以同樣方法練習直到 X2 到 X3 隊尾，X3 到 X4 隊尾，X4 到 X1 隊尾。要求只能用雙手胸前傳球。

要點提示：

① 傳球快而準確，並注意跟隨動作。

② 眼睛注視來球，用雙手接球。

### 練習 66　移動中連續傳接球

**練習目的**：提高移動中傳接球的能力。

**練習方法**：將隊員分成兩組，站位於不同的半場內，如圖 96 所示。隊員①持球，傳給②後按圖中箭頭所示方向做側滑步，並接②的回傳球，再依次傳給③④⑤，⑤把球回傳給①。①在做過往返兩次練習後，就排在⑤的外側（不要在④和⑤之間）。隊員③④和⑤各向左移動一大步，②替代了開始練習前①的角色，並做和①同樣的練習。此練習一直進行到每名隊員都做過①的練習時為止。

可用兩個球練習，①②各持一球，當①傳給③時，②傳給①；當①傳給④時，③傳給①……如此往返練習重複兩次，直至②代替①的角色為止。

要點提示：

① 作為整個練習，要持續進行，待所有隊員都做過①的角色後即可停止練習。

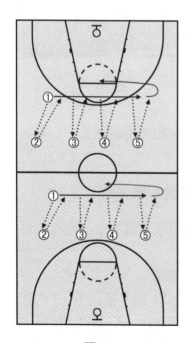

圖 96

② 用擊地傳球代替胸前傳球。

③ 增加頭上傳球的方法。

## 練習 67　傳球和接球

**練習目的**：提高隊員傳球、接球、運球和投籃的技術。

**練習方法**：將全隊分成 3 組。如圖 97 所示，第一組 4 名隊員，分別站在罰球線以上、罰球圈與邊線的中間位置，這幾個位置也可以根據需要進行調整。其餘的隊員等分為兩組，分別站在球場兩端罰球區與底線的交點處，每組第 1 名隊員持球。

兩組第 1 名隊員⑤、⑨同時傳球給同側的隊員①、③，然後快速起動，從接球隊員和邊線之間快下並接①、③的回傳球，運球至中線後傳球給另一半場的②、④，再從接球隊員②、④和邊線之間快速切入，接②、④的回傳球運球上籃，搶到籃板球後傳給對面組第 1 名隊員⑥、⑩，最後跑到對面組的隊尾。依此類推，直到每組上籃投中一定的數目。

**要點提示**：

① 在快速的移動中，隊

圖 97

員傳球要準確，接球要熟練自如。

② 強調隊員接球和運球的銜接技術。

### 練習 68　運球——轉身——傳球

**練習目的：** 提高隊員運球、轉身和傳球技術。

**練習方法：** 如圖 98 所示，將全隊分成 4 組，分別站在半場的角上，每組的第 1 名隊員持球。

練習開始，每組的第 1 名隊員運球至罰球圈，然後跳步急停，向左側後轉身，傳球給左側組的隊員，然後跑到該組隊尾。接球隊員繼續上述練習。

此練習有無球均可。練習時要注意兩側轉身練習。

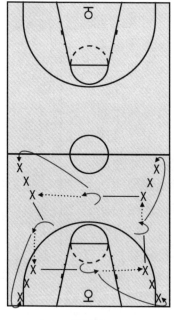

**圖 98**

**要點提示：**

① 重點練習隊員正確的運球、良好的跳步急停和轉身、準確的傳球技術。

② 此練習強調戰術紀律，培養隊員戰術配合意識。

### 練習 69　二攻一防傳接球

**練習方法：**隊員站位如圖 99 所示。兩名隊員①②按教練員指定的方法做傳接球練習，傳球前要用假動作，勿使防守 X1 打掉球或斷得球。

練習 30 秒鐘後①與 X1 互換攻防職責，再練 30 秒鐘後②變為防守者。若球被防守者打掉或斷得，則該傳球者變為防守者，防守者變為傳球者。

**要點提示：**

① 有關傳球技術的細節，可參閱移動傳接球的練習內容。

② 做傳球假動作時，要使雙臂向該方向完全伸直，好像真的要把球向該方向傳出，然後，臂部迅速收回，改向

93

第
2
部
分

進
攻
技
術
訓
練

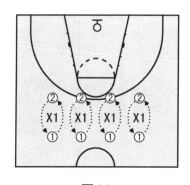

圖 99

另一方向傳球。也可以用眼睛做假動作，即故意向不想傳出的方向注視，而把球向另一方向傳。做傳球假動作時要用雙手。在做單手胸前或擊地傳球時，要用另一隻手保護好球，以免做假動作時球從手中脫落。

### 練習 70　強側的 3 人配合傳球

**練習目的：**提高隊員擺脫接球和傳球以及三角配合進攻的能力。

**練習方法：**如圖 100 所示，3 人一組同時分別在球籃兩側落位，每組由一名前鋒 F、一名後衛 G 以及一名中鋒 C 組成。

練習開始，F 將球傳給 G 後向端線擺脫接 G 的回傳球；如圖 101 所示，F 接 G 的回傳球後將球傳給 C，當 F 沿底線空切時，C 把球回傳給 F，當 F 將球傳給 C 後，還可以向相反方向轉身向限制區切入，利用中鋒的掩護並接中鋒的回傳球進攻投籃或上籃。如果需要增加練習的難度，可增加三名防守隊員進行防守。

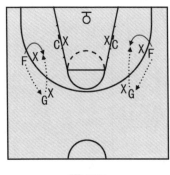

圖 100

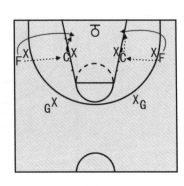

圖 101

要點提示：前鋒隊員要運用正確的轉身與切入技術，隊員之間傳球要準確和果斷。

## 練習 71　多球練習

練習目的：提高在疲勞狀態下的傳接球技術。

練習方法：可用 1～5 個球。隊員如圖 102 所示站成一排，本圖中用 3 個球。以隊員⑤傳球給⑥或⑦開始練習，①、②、③、④不停地傳球給⑤，速度不斷加快，直到⑤出錯。可用多種方式傳球，前排的隊員控制好傳球的節奏，並注意接底線隊員傳來的球。各位置隊員輪轉練習。

要點提示：伸手、屈膝、隨時準備傳接球。

## 練習 72　3 人圍繞傳球

練習目的：熱身及改進移動傳接球技術。

練習方法：如圖 103 所示，隊員成三列站在端線，3 人一組進行全場圍繞傳球練

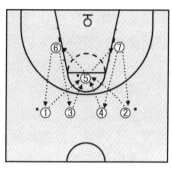

圖 102

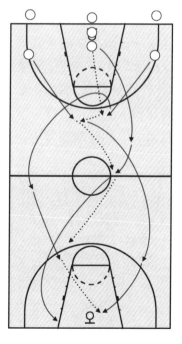

圖 103

習，要求用 5 次傳球將球推進至對側籃下；當第一組推進至對側罰球線時，下一組開始練習。完成 2 次練習後提高要求，用 4 次傳球將球推進至對側籃下。

練習一定次數後，進一步提高要求，用 3 次傳球將球推進至對側籃下。傳球次數越少，對跑動的要求越高。此練習做 5 分鐘，以達到熱身的目的。

**要點提示：**注意跑動的路線及傳接球的品質。

### 練習 73　四角傳球

**練習目的：**提高隊員移動中的傳接球技術，培養戰術意識。

**練習方法：**如圖 104、105 所示，將全隊等分為 4 組，分別站在限制區的 4 個角上。練習開始，X1、X7 分別橫傳球給 X2 和 X5 後跑向該組。X1、X7 在跑動中分別接 X2 和 X5 的回傳球後再遞給 X2、X5 站到該組隊尾。X2、X5 再傳球給 X8、X4 重複以上練習，直到每位隊員都完成繞限制區一周的傳球練習。

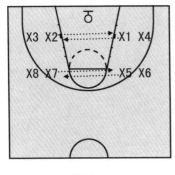

圖 104

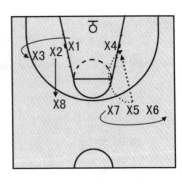

圖 105

**要點提示：**

① 強調傳球和手遞球的品質，並嚴格遵守練習的規則。此練習不但能夠訓練隊員在場上注意練習方式的變化，還能提高傳球的準確性。

② 兩種傳球方法的結合也增加了練習的難度。

### 練習 74　轉身傳球

**練習目的**：提高轉身、保持身體平衡及傳球等基本功。

**練習方法**：如圖 106 所示，隊員分成 2 組站在端線，排頭隊員持球。每排的第 1 名隊員運球至罰球線後跳步急停，向外向內各做 2 次轉身，注意保持身體平衡姿勢；然後將球用雙手胸前或反彈方式傳給同組的下一名隊員，回到本組的隊尾。

當隊員熟練後，練習變化為：運球至罰球線後變向，繼續運球 3 次後跳步急停、轉身，然後用單手肩上傳球方式將球傳給下一隊員，回到本組的隊尾。

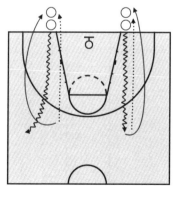

圖 106

要點提示：強調腳步移動與傳接球技術的協調。

## 練習 75　4 種傳球點的選擇配合

練習目的：提高對進攻機會的選擇能力及傳球的準確性。

練習方法：隊員 SF 底線發球，其他隊員的站位如下圖 107 所示。C 和 PF 分別上提為兩名後衛做掩護，C 和 SG 在球籃的一側，PF 和 PG 在球籃的另外一側。掩護後 C 回跑要球，SG 利用掩護向一側拉開要球。C 和 SG 是 SF 首先選擇的兩個傳球進攻點。如果掩護成功，防守隊員就會被迫換位，這就給 C 利用身體優勢強攻籃下，創造一個很好的機會。

為 PG 掩護後，PF 轉身直插籃下準備接 SF 的傳球。PG 借隊友的掩護向底線擺脫準備接球。

要點提示：SG 應該耐心等待 C 的掩護，然後迅速擺脫防守隊員接球並跳投。

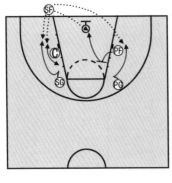

圖 107

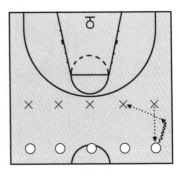

圖 108

## 練習 76　無對抗的傳球

**練習目的**：練習傳、接球技術以及多種多樣的控球技巧。

**練習方法**：如圖 108 所示，隊員相隔大約 15 公尺排成相對應的兩列橫隊，X 排的第一名隊員傳球給對面。排在第一名隊員接球後運一次球再傳給 X 排的下一名隊員。X 排的隊員要完成接球與傳球，〇排的隊員要完成接球後運一次球再傳球，依此類推。

當進行到隊尾做返回練習時，〇排隊員接球後要換另一隻手運球。隨後隊員可圍成一圈做單手背後傳球的練習，如圖 109 所示，每進行一圈換一次傳球手。同樣還可以進行換手傳球和繞體後再傳球。最後，可同時用兩個球進行練習，並讓隊員盡可能快地保持球的繞圈運動。

**要點提示**：強調傳的乾脆俐落和準確，接球前要伸臂迎球。

圖 109

### 練習 77　二人傳接球

**練習目的：**提高移動中傳接球的準確性。

**練習方法：**傳接球時應按圖 110 所示，A 和 B、C 和 D 2 人 1 組進行練習，接傳球的隊員被對方逼在底線時，不能運球時的二對二傳接球練習。

**要點提示：**

① 傳接球時應注意做到：持球者一面要始終保持切入的姿勢，一面還要用身體保護好球，以防被對方搶斷。在護球時一定不要失去平衡，可以用跨步或身體虛晃等動作不讓對手觸球。同時傳接球隊員雙方的視線一定要有隱蔽

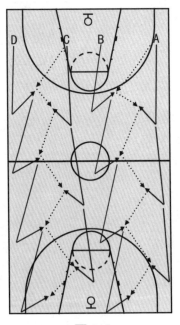

圖 110

性，作為接球隊員最重要的是用眼睛餘光盯住球，即使視
線有所移動，也要使球在自己的餘光之內。這樣，一旦球
被對方搶斷，便於自己立即由進攻轉為防守，所以，始終
使球處於自己視野範圍內是非常重要的。

②接球隊員接球前應做Ｖ字形移動向防守者貼近，而
後急停向反方向跑動，以擺脫對手的防守。因此，何時起
動、何時急停、何時變向（球的方向）跑等，都要使防守
隊員難以捉摸。

在向球的方向跑動達到有效位置時，動作要清晰，要
球的動作要明顯，甚至可以直呼其名字喊「向這裏傳
球」，以利於傳球者傳球。接球隊員這樣做可以給傳球隊
員提供良好的傳球時機。因為通常的防守站位一定是在傳
球隊員的內側，像圖111所示那樣，如從內側傳球就有可
能被對方搶斷，所以傳球應稍偏外側，而且要快速、有
力。

傳球時可用肩臂或胸做一下掩護，這樣能更有利於接
球隊員接球。當傳球隊員一出手時，接球隊員要掃視來
球，並主動向來球方向伸
臂，在身體中央部分將球
接牢。若在跑動中接球，
則可用兩腳跳停，同時雙
手接球，在兩腳跳停落地
時，身體不能失去平衡，
要保持便於做原地運動和
突破的動作。

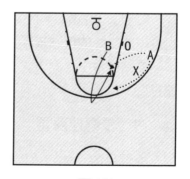

圖111

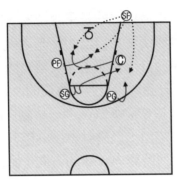

圖 112

### 練習 78　快速傳接球配合

**練習目的**：利用傳接球，創造一個快速得分的進攻機會。

**練習方法**：隊員 SF 在底線發球，其他隊員的站位如圖 112 所示。C 上提至罰球線附近為 SG 做掩護。PG 向邊線拉開，SG 利用掩護擺脫至強側側翼位置，PF 為 C 做後掩護。C 繞過掩護隊員移動至籃下，同時 PF 也轉身向發球隊員移動。這就給 SF 提供了 3 個發球後直接投籃得分的機會。如果以上配合沒有達到預期的效果，邊線附近的 PG 也是一個很好的傳球攻擊點。

**要點提示**：強調不管是 SG、C 還是 PF，在接球後要快速投籃。

### 79　長傳球練習

**練習目的**：提高遠距離勾手傳球、肩上傳球及雙手胸前傳球技術。

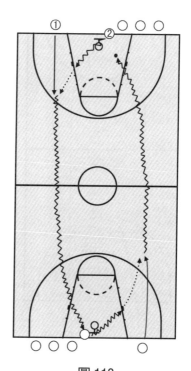

　　**練習方法：**如圖113所示，全隊分為2組，分別站在球場兩端。籃下的隊員運球至罰球區的一側，用勾手、單手肩上或雙手胸前將球傳給切入的同伴，同伴接球後運球向另一籃下進攻上籃；傳球者向前場移動接搶獲籃板的隊員的同樣方式傳球。運球上籃後的隊員排到隊尾，並準備搶籃板後傳球。

　　此練習應在場地兩邊練習，以使隊員獲得不同方向的長傳球練習機會，這是一個很好的長傳球及運球的練習。

　　**要點提示：**

　　① 傳球要以球領人。

　　② 傳出的球要後旋，以使球在空中的飛行時間更長。

　　③ 接穩球後再運球。

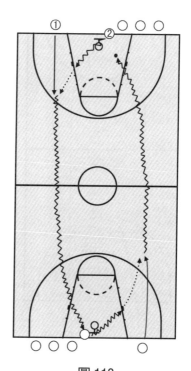

圖113

## 練習 80　2 攻 1 傳球快攻

**練習目的**：提高隊員 2 攻 1 傳球快攻的能力。

**練習方法**：如圖 114 所示，將全隊分成兩組，排成兩路縱隊站在底線外，1 名防守隊員站在另一半場的罰球線上。練習開始，每組的第 1 名隊員相互傳球推進，當接近防守隊員時，力爭上籃得分。

**要點提示：**

① 在練習中，進攻隊員可以嘗試各種傳球方式。在進攻隊員上籃時，要儘量避免被防守隊員識破上籃意圖。

② 防守隊員要儘量迫使進攻隊員傳球，這樣可以為防守隊員創造斷球機會，同時也能拖延進攻方的進攻時間，從而贏得其他防守隊員的「援助」。

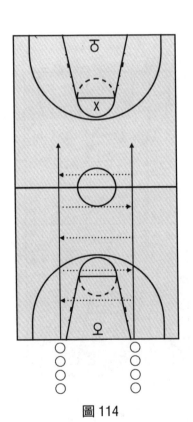

圖 114

## 練習 81　傳球投籃組合練習

**練習目的**：提高傳球和投籃技術。

**練習方法**：如圖 115 所示，①持球站在圈頂，傳球給向籃下切入的③上籃；①搶籃板球傳給⑥後落至⑤的後面。③上籃後跟排在⑥後面，⑥傳球給⑦並跑到⑦後面；⑦回傳給③後跑到圈頂（①原來的位置），③對角傳球給⑦。如此練習，一定次數後換邊、換位。

**要點提示**：

① 用反彈方式傳球給上籃隊員。

② 用拇指撥球，注意傳球落點。

③ 傳球時叫接球人的名字。

## 練習 82　背切後接傳球

**練習目的**：提高配合傳球的能力。

**練習方法**：隊員站位如圖 116 所示。隊員②向障礙物△方向移動一兩步，以外側腳落地為中樞腳；②做前轉身

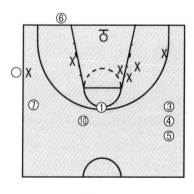

圖 115

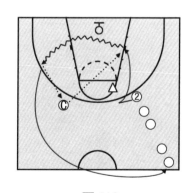

圖 116

後迅速奔向籃下，教練員傳球給②，②應出示目標手；②將球回傳給教練員，而後跑回到排尾。

**要點提示：**

① 待隊員完成切入動作後，再將球傳給他。

② 要隨時糾正可能出現的錯誤，可根據教練員的判斷確定練習時間。

③ 第一天從場地右側開始，第二天從場地左側開始。

### 練習 83　組合傳接球練習

**練習目的：**提高多種傳球技巧及傳接球的應變能力。

**練習方法：**如圖 117、118 所示，共有 6 種練習方法。

方法 1：向兩翼傳球

防守方可能用偏於接到球一側的方法進行防守，有的隊甚至用兩人夾攻的辦法。防守策略多種多樣，教練員應做全面安排，傳球方法因具體情況而異，所以隊員應掌握所需的各種基本傳球技術。

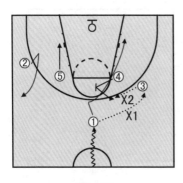

圖 117

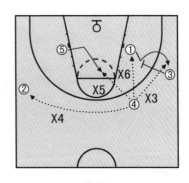

圖 118

方法 2：從兩翼回傳球給外策應位置隊員

防守方會阻止這個回傳，所以，教練員要考慮讓④去替他做掩護的方法。事實上，也就是兩人互換位置。教練員考慮得越周到，本隊就越會取得好成績。如果③被對方夾擊，則可考慮讓②切向另側，讓③多一個可選擇傳球的機會。

方法 3：將球從外策應隊員位置上傳回給控球後衛

這雖然是一次傳球練習，但卻包含了兩個傳球機會。

方法 4：將球傳給另側的兩翼隊員

為下面進行的內外線配合做準備。②也可考慮用個人動作攻擊對方或將球傳給⑤。

方法 5：外策應位置隊員傳給內策應隊員

即由④傳給⑤。

方法 6：內外策應隊員將球傳給切入的控球後衛

**要點提示：**

① 在訓練隊員提高傳接球技術時，既要學習擊地、頭上、手指手腕伸彈傳球和橫跨步擊地傳球等方法，也應學習對付對方夾擊時持球隊員應運用的前面提到的腳步動作。比賽時，場上情況千變萬化，那些能在平時就各種變化進行針對性的練習的教練員，會比那些思路狹窄的教練員取得更好的成績。

② 首先要有總體方案，其次要有局部計畫，第三是多個環節的變化。最好是能用集中幾種傳球情況為一體的練習方法，例如把方法 4、5 的各種機會組合完成一個單獨練習。有經驗的教練員會隨著比賽季節的日益臨近而逐漸豐富接近實戰需要的練習內容。

③ 一個隊的傳球練習方法應該反映出該隊的進攻體系，它既要展示教練員的創造性，又要使隊員在練習掌握正確傳球技術的同時，明確本隊進攻時每名隊員的移動情況。

# 五、投籃技術訓練

## 練習 84　投籃出手時手指動作

**練習目的**：練習投籃持球及撥球動作，培養正確的投籃技術定型。

**練習方法**：隊員分散開，相距 4～5 公尺，每人一球。只許投籃的手持球，並只准手指指根部和手指觸球，不得用手心接觸球。前臂與上臂垂直，上臂與地面平行。手腕後仰，投籃手持球，球應處於面部前方或稍偏於投籃手一側。從自己頭上的位置使球出手，當球下落時，用投籃的手將球接住。

沿球的圓周貼一膠條，這樣可檢查投出的球有無後旋，球旋轉時如果膠條側旋，說明出手動作不正確。

**要點提示**：

① 如果手臂出現扭曲現象，球就不會停在手上，因而無法持住球。

② 肘關節必須內收，不得外展，否則持不住球。

③ 如果手臂不後仰，那麼球就會滑落。因此，教練員只憑球是否能穩定地持在手上，就知道隊員是否掌握了「筆直」的姿勢。

## 練習 85　用「圖示」記錄投籃

**練習目的**：用圖示記錄投籃效果，發現並糾正錯誤的投籃動作。

練習方法：隊員在罰球線或某一固定點投籃，指定一名助理教練在投籃者身後用圖示記錄投籃的效果，要求對某一隊員連續記錄 30 次以上的投籃。記錄（圖 119～123）如下所示：

要點提示：此方法對糾正罰球及定點投籃動作非常有幫助。如果某隊員投籃總是碰在某一點，則說明該隊員投籃存在問題，可針對性地制訂改進措施。

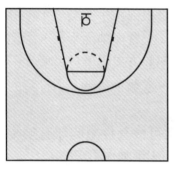

圖 119　表示球碰在籃圈左沿

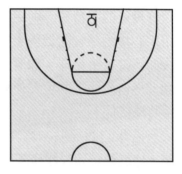

圖 120　表示球碰在籃圈右沿

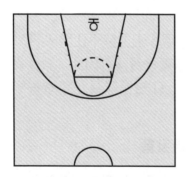

圖 121　表示球碰在籃圈後沿

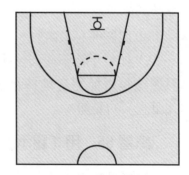

圖 122　表示球碰在籃圈前沿

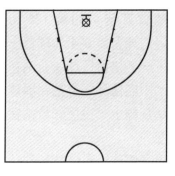

圖 123 表示空心球

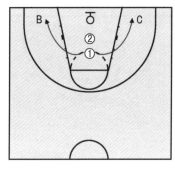

圖 124

## 練習 86 投空心籃

**練習目的**：進一步鞏固提高投籃動作，形成牢固的動力定型。

**練習方法**：隊員 2 人 1 組，共用 1 個球籃，或 4 人 1 組共用 1 個球籃。隊員從圖 124 所示的角度和不同的位置投籃。先從 0 度角距球籃 1 公尺處投籃，直至投中空心籃為止。從上述投籃點上向後退一大步，也就是在大約距球籃 1.8 公尺處投籃，直至投中空心籃為止。繼續在 B、C 角之間練習，向後移動 3 次。一人投籃，另一人搶籃板球。待投籃者在某一角度完成任務後，雙方交換職責。

**要點提示**：強調投籃時的基本動作、球飛行的弧線、球出手時的速度。

## 練習 87 兩個球的投籃

**練習目的**：提高隊員的投籃技術和練習時集中注意力的能力。

圖 125

112

**練習方法：**如圖 125 所示，這個練習需要 4 名隊員。其中，一名搶籃板球隊員站在籃下，兩名傳球隊員站在罰球線的延長線上，投籃隊員站在罰球圈內。

兩名傳球隊員各持一球，投籃隊員可以向左右任意一側移動，在罰球線兩端接球，面向球籃跨步急停跳投。每次跳投後，投籃隊員迅速移向另一側，在對應的位置繼續做一次跳投練習。每次投籃後，搶籃板球隊員及時將球傳給傳球隊員。每名投籃隊員都要堅持 30 秒至 1 分鐘的投籃練習。

**要點提示：**

① 正確的投籃技術是練習的重點，還要強調隊員的接球技術和投籃之前的面向球籃急停技術。

② 注意提高投籃隊員完成動作的速度。

## 練習 88　行進間籃下投籃

**練習目的：**學習行進間投籃，提高平衡能力。

**練習方法：**隊員站位如圖 126 所示。先從右側練習投籃，進行 1 分 30 秒鐘後，換成從左面投籃。

開始時練習用擊地傳球給同伴，②傳球給①，①接球

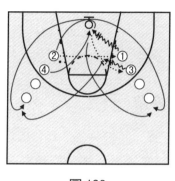

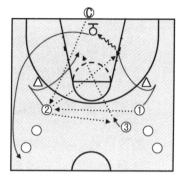

圖 126　　　　　　　　圖 127

後做行進間投籃。②傳球後排到①所在隊的隊尾，①移至②所在隊的隊尾，④搶籃板球（不管是否投進）。與此同時，③跑向球籃，④搶得籃板球後傳給③，③投籃。③和④分別跑至另側隊尾。可根據需要規定練習時間。

**要點提示：**

① 強調行進間投籃的步法、節奏及接球動作。

② 左右兩側都練習，特別注意提高弱手。

## 練習 89　切中行進間投籃

**練習目的：** 改進提高切入及行進間接球投籃技術。

**練習方法：** 隊員站位如圖 127 所示。隊員①傳球給②，然後按圖中所示路線切中，②將球傳給①，①上籃。教練員ⓒ搶得籃板球後傳給②，①跑到②所在隊的排尾。②將球傳給③，然後做與①同樣的切入動作。③將球傳給切入籃下的②，②上籃。教練員搶得籃板球後傳給③。②跑到③所在的排尾。

要點提示：

① 教練員決定本練習的時間。

② 第一天在場地右側練習，第二天在場地左側練習。

### 練習 90　短距離投籃系列練習

**練習目的**：提高隊員轉身、運球、投籃技術。

**練習方法**：每名隊員持球站在底線上，將球投到自己事先設定的牆面標記上。利用這個標記可練習底線、碰板、45 度角和罰球圈兩側等不同方式的投籃技術。練習隊員向投籃標記投籃後迅速搶籃板球，並做以下任一練習：

● 轉身面向球籃 —— 投籃；

● 轉身面向球籃 —— 右手運球上籃；

● 轉身面向球籃 —— 左手運球上籃；

● 轉身面向球籃 —— 假動作投籃 —— 向籃下右手運球上籃；

● 轉身面向球籃 —— 假動作投籃 —— 向籃下左手運球上籃；

● 轉身面向球籃 —— 右手運球一次 —— 跳步急停 —— 投籃；

● 轉身面向球籃 —— 左手運球一次 —— 跳步急停 —— 投籃；

● 轉身面向球籃 —— 右手運球兩次 —— 跳步急停 —— 投籃；

● 轉身面向球籃 —— 左手運球兩次 —— 跳步急停 —— 投籃；

● 每名練習隊員必須掌握在籃下左右兩側各位置向左

右轉身的多種進攻技術。

**要點提示：**

①只有練習隊員的起始姿勢正確、腳步位置合理，才能做好後面的動作。

②練習隊員在投籃前一定要養成面向球籃的良好習慣，這對他的成功至關重要。

③每名隊員要非常熟練地掌握上述進攻方法，並且能夠運用自如。只有這樣，才能增強比賽時的信心。優秀隊員應該熟練地掌握每項攻擊方法。

### 練習 91　運球定點投籃

**練習目的：**提高隊員運球急停投籃的能力。

**練習方法：**在投籃之前，運球急停的好壞尤為重要。如圖 128 所示，所有練習隊員先排成一列橫隊站在中線上，面向球籃。將半場投籃點定為如下 9 個點：罰球點、罰球線左右兩側各一點、大約 45 度位置各一點、大約 30 度打板投籃位置各一點、0 度位置各一點。

練習開始，每名隊員運球到這些固定點跳步急停後跳投。每名隊員可以選擇下列 5 種方法之一進行練習：

● 運球到投籃點 —— 跳步急停 —— 投籃；

● 運球 —— 在罰球線處體前變向 —— 跳步急停 —— 投籃；

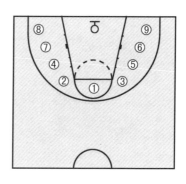

圖 128

- 運球 —— 在罰球線處體前變向 —— 上籃；
- 運球 —— 在罰球弧頂做假動作 —— 跳步急停 —— 投籃；
- 運球 —— 在罰球弧頂做假動作 —— 上籃。

**要點提示：**

① 練習隊員跳步急停後，保持良好的身體平衡對投籃的用力和投籃的效果至關重要。

② 在練習中，任何的遲疑都會使防守隊員回到有利的防守位置，從而招致防守隊員的蓋帽，因此，每位練習隊員在運球、急停和跳投時，都要做到迅速和流暢。

③ 所有隊員要在 3 分線上相應的點進行上述投籃練習。

## 練習 92　「田納西」罰球練習

**練習目的：**提高在比賽壓力下罰球的穩定性。

**練習方法：**如圖 129 所示，3 人 1 組 1 球，每名隊員輪流罰球 2 次，共計 5 輪 10 次。

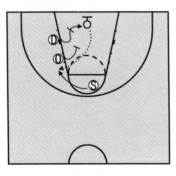

圖 129

練習時，1 名隊員罰球，1 名隊員作為防守搶位擋人拼搶籃板，並將搶到的籃板球向外傳給罰球隊員跳投；1 名隊員作為進攻者面對防守衝搶進攻籃板並補籃。罰球隊員投籃不中則移動接防守者搶到籃板後的傳球跳投，2 次罰球後 3 名隊員交換位置練習，即罰球

隊員進攻，防守隊員罰球，進攻隊員防守。

　　練習時記錄罰中次數、防守籃板次數、跳投中籃數、補籃次數等，將其作為獎勵或處罰的依據，沒有達到標準要求的罰做俯臥撐、仰臥起坐或衝刺跑。

　　練習過程中不僅要強調投籃技術，還要強調傳球技術、擋人技術及搶籃板球技術。

　　**要點提示**：以上所有投籃練習必須以比賽的速度，在比賽的壓力下進行。

### 練習 93　9 點投籃

　　**練習目的**：提高在不同角度和區域的投籃命中率。

　　**練習方法**：如圖 130 所示，在場上 9 個位置進行投籃練習，要求在 2 分鐘內投 9 次 3 分和 9 次 2 分，按圖中的位置順序依次投籃，全中應得 45 分。

　　首先在①位置投 3 分，衝搶籃板後移動到②位置投 3 分；衝搶籃板後回到①位置，做投籃假動作，用身體對抗防守（假設前面有一防守隊員）運 1 次球，然後中距離跳投；衝搶籃板後回到②位置按同樣要求中距離跳投。以此類推，分別在 9 個位置上完成 18 次投籃。

　　1 名管理者持球站在端線，當投籃的球反彈至遠處時則將球直接傳給投籃隊員投籃。教練可在不同位置模仿防守干擾投籃。

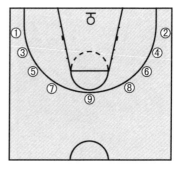

圖 130

要點提示：

① 強調 2 分球投籃的要求。

② 運用身體對抗運球急停跳投。

③ 從一點移動到下一點投籃時，要求用弱側手運球。

### 練習 94　多點一次運球上籃與罸球

**練習目的：**訓練隊員上籃技術，尤其強調加大上籃的起步距離。

**練習方法：**如圖 131 所示，隊員從 5 個點練習上籃，分別是弧頂處、球籃兩側 45 度角和兩側場角處。

要求隊員從每一點只能運一次球上籃，每一點 3 次上籃都中籃後，隊員就跑到罰球線做罰籃練習，在達到預定的投籃命中率後才能到下一點做上籃練習。

**要點提示：**

① 練習要盡可能接近實戰環境，並要保持連續不斷的進行。

② 運球上籃的距離和罰球命中率應根據隊員年齡和技術水準來確定。

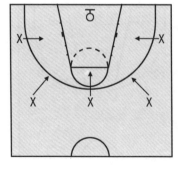

**圖 131**

### 練習 95　策應傳球上籃

**練習目的：**熱身及訓練隊員傳球和上籃技術。

**練習方法：**如圖 132 所示，兩名策應隊員 X1、X2 分別落位於高策應位置，X3 與 X4 持球站在中圈前，其他隊員排成兩隊

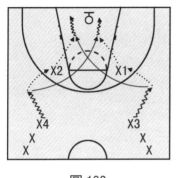

圖 132

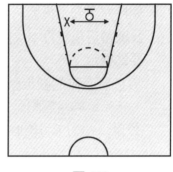

圖 133

站在 X3 和 X4 身後。

　　練習開始，X3、X4 分別向各自的外側前方（即邊線方向）運球，在適當的位置將球分別傳給同側的策應隊員 X1 和 X2，然後穿過罰球線交叉切入，X4 接 X1 的傳球，X3 接 X2 的傳球完成上籃。X3、X4 搶下自己的籃板球後到另一隊的隊尾，如此循環練習。

　　**要點提示：**

　　① 切入要迅速，接球起步上籃的步幅應儘量大。

　　② 每名隊員都應輪流充當策應隊員，完成 5～10 次策應傳球。

### 練習 96　勾手投籃

　　**練習目的：**提高左、右手勾手投籃的能力，改善身體機能水準。

　　**練習方法：**如圖 133 所示，一名隊員在籃下限制區左側持球用左手勾手投籃，接到球（不能讓球落地）後到右側用右手勾手投籃，在球落地之前拿住球，再到限制區左

側用左手勾手投籃。

該練習可規定投中次數，也可以限定投籃時間。

**要點提示：**

① 強調正確的腳步動作，右手勾手投籃時左腳起跳，左手勾手投籃時右腳起跳。

② 隊員在勾手投籃時持球點應在肩部以上。

### 練習 97　快速上籃與跳投

**練習目的：** 練習快速上籃和跳投技術，提高隊員的耐力素質。

**練習方法：** 3 名隊員如圖 134 所示落位，教練員負責計時，罰球線的兩端放兩個球。面對球籃的 X3 聽到教練員發出開始的信號，跑向自己右邊的球，撿起球用右手投籃，投籃後立即跑向自己左邊的球，撿起球跳投。

X1、X2 負責搶籃板球，並快速把球放回罰球線的兩端。X3 不斷重複進行上籃與跳投練習，直到持續預定的時間為止。X1、X2 依次輪流做 X1 同樣的練習。在隊員做第二輪練習時，方向應與第一次相反，即先拿左邊的球用左手運球完成左手上籃，再拿右邊的球跳投，……。

**要點提示：**

① 每名隊員每次練習的時間應根據他自己的能力和身體素質而定。

② 每次循環中每個隊員的練習時間應在 30～60 秒之間，每組練習的總時間應該在 6 分鐘以內。

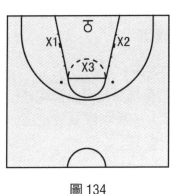

圖 134

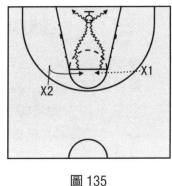

圖 135

## 練習 98　強行突破後的勾手投籃

**練習目的**：掌握強行運球向籃下擠壓與銜接勾手投籃的技術。

**練習方法**：如圖 135 所示，2 名隊員 1 組分別落位於罰球弧頂兩側的 3 分線外，X1 傳球給擺脫切入的 X2，X2 在罰球線處接球後向限制區右下方運球突破，受阻時做運球轉身換成左手向球籃左側強行運球並接左手勾手投籃，然後自搶籃板球傳給 X1，繼續上述練習，在這一側練習 5 次後，X2 換成向限制區左下方運球突破接運球後轉身用右手勾手投籃，並自搶籃板球傳給 X1，再連續練習 5 次。

當 X2 用左、右手各完成 5 次勾手投籃後，兩隊員互換練習角色。

**要點提示**：要合理運用腳步動作完成運球轉身和向籃下強行擠壓運球創造勾手投籃的機會。

### 練習99　3名隊員的投籃練習

**練習目的：**提高隊員在練習投籃時的應變能力。

**練習方法：**如圖136所示，投籃隊員繞過錐體接球投籃（就像借隊友的掩護擺脫一樣）。投籃隊員每投籃一次，均要繞過障礙物再接球進行投籃。

**要點提示：**

① 投籃隊員10次投籃後輪換為搶籃板球隊員，搶籃板球隊員輪換為傳球隊員，傳球隊員輪換成新的投籃隊員。

② 此練習持續3分鐘。

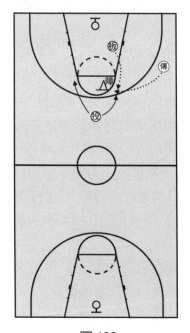

圖 136

③ 要根據組的數量和球籃的數量決定輪換的次數。

④ 錐體（障礙物）還可以根據需要放在罰球區的左上角或右上角。

### 練習 100　追防與投籃

**練習目的：**提高隊員再獲失控球及獲球後投籃的能力。

**練習方法：**如圖 137、138 所示，在限制區兩側距離底線 2 公尺的位置各放一球。投籃隊員（P）站在限制區內的罰球弧頂，背向球籃。搶籃板球隊員（R）站在籃下。

練習開始，投籃隊員迅速轉身，拿起限制區兩側的任一球跳投，然後再拿另一個球跳投。搶籃板球隊員及時將球放回原處。練習持續 30 秒後兩名隊員互換「角色」。

**要點提示：**

① 此練習的重點在於投籃隊員及時確定「失控球」的位置，並根據球的位置作出相應的調整動作。

② 為了提高隊員對「失控球」位置的判斷能力，在練

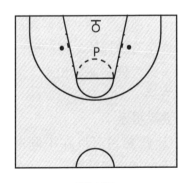

圖 137

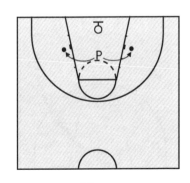

圖 138

123

第 2 部分　進攻技術訓練

習中要時常變換球的放置地點。

### 練習 101　循環投籃（1）

**練習目的：** 提高隊員快攻後的控球、投籃技術及身體素質。

**練習方法：** 如圖 139 所示，將全隊分成兩組，每名隊員手持一球，面向球籃，每組第 1 名隊員站在罰球圈和邊線之間。

練習開始，練習隊員運球至中位策應區（據底線大約 2.5 公尺）急停，跳起打板投籃，搶到籃板球後運球到另一組隊尾。所有練習隊員完成一個逆時針循環練習（投兩個球）後，換成順時針方向繼續上述練習。在練習中，投籃的位置可以根據需要在低位策應區和上位策應區之間變化：在 45 度距球籃大約 4.5 公尺位置跳投；在 0 度距球籃大約 2.5 公尺位置跳投等等。練習隊員可以運用直線運球、體前變向運球、背後變向運球和胯下運球等方法。

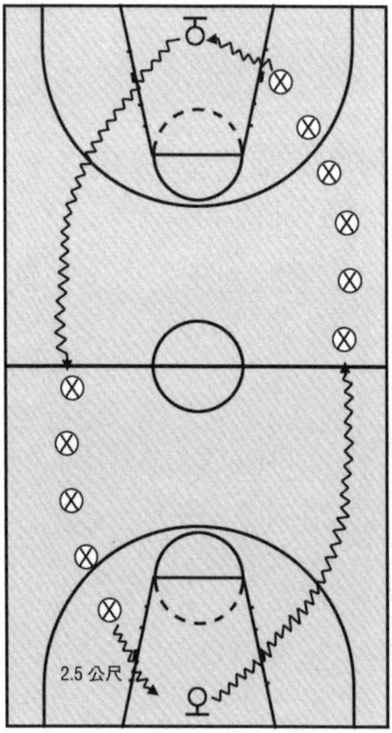

**要點提示：**

① 此練習可以在不同的情況下增加投籃的變化。如在 3 對 2、2 對 2、2 對 1 等快攻

圖 139

練習後，投籃隊員可以運用上述投籃方法。

② 此練習能夠提高隊員的控制球能力。

③ 根據練習的密度、持續時間的長短還能夠提高隊員的身體素質。

### 練習 102　循環投籃（2）

**練習目的**：提高隊員在不同條件下投籃的能力及身體素質。

**練習方法**：如圖 140 所示，此練習需要兩名隊員，其中①為投籃隊員，站在罰球線中間位置，②站在籃下搶籃板球。投籃隊員根據以下要求進行 25 次投籃：

● 不運球直接跳起投籃 10 次；

● 利用一次運球向任一側移動，跨步急停跳起投籃 5 次；

● 利用一次以上運球向任一側移動，跨步急停跳起投籃 5 次；

● 為培養投籃隊員的「絕活」，其餘的 5 次投籃可以在此之前做任何形式的移動。

在每次投籃後，投籃隊員必須「回」到起始位置（罰球線中間）在此練習中，每名投籃隊員必須能夠達到 25 投 13 中的命中率。

**要點提示**：

① 此練習的重點在投籃隊員接球或者移動後一定要面

圖 140

向球籃，起動時，第一步一定要迅速、突然，以求擺脫對手。

② 頻繁地移動是投籃隊員一種非常有效的素質訓練方式。

③ 儘管投籃隊員的活動範圍不大，但是 50% 以上的投籃命中率，對投籃隊員確實是不小的挑戰。

### 練習 103　繞障礙投籃

**練習目的：**提高隊員在高速運球和跳起投籃情況下身體的平衡能力。

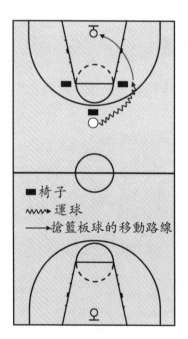

圖 141

**練習方法：**如圖 141 所示，在場內放 3 把椅子作為障礙，一把放在罰球弧頂，另外兩把放在罰球線兩端大約 1 公尺處。第 1 名練習隊員從弧頂處（椅子後）開始，用外側手快速運球繞過罰球線兩側任何一把椅子後急停跳起投籃，搶籃板球後運球返回起始處，從另一側重複上述動作。

**要點提示：**

①練習隊員在快速運球時一定要注意對球的控制，每次投籃必須保持身體平衡。

② 練習隊員投籃時，一定要注意腳步位置正確，投籃

圖 142

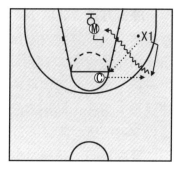

圖 143

時正對球籃。

③ 每名隊員都要熟練掌握左右手運球技術，並且能夠在球籃兩側進行準確投籃。

## 練習 104　封堵／搶球／強行上籃

**練習目的：**提高封堵、搶球及緊逼防守下上籃技術。

**練習方法：**如圖 142 所示，隊員站成一排，防守隊員 X1 上前封堵進攻；當教練ⓒ將球滾向地板時，X1 立即衝過去搶球；如圖 143 所示，X1 搶獲球後將球傳給教練，教練又將球回傳給 X1，X1 接球後向籃下強行突破上籃。助理教練Ⓜ模擬防守用力推 X1。

**要點提示：**此練習不僅訓練隊員積極封堵進攻隊員，而且可提高隊員拼搶球的能力，還可提高進攻隊員在身體對抗情況下的強行上籃技術。

## 練習 105　快速投籃

**練習目的：**提高快速投籃及果斷決策能力。

　　**練習方法：**如圖 144 所示，在場地上放置 3 個錐形物當作防守，並為進攻隊員在中區及底線區域作掩護。隊員將球傳給教練後，利用同伴掩護擺脫至 45 度區域接球跳投。接下來，在邊側接球後向中間的障礙物運球突破並急停跳投；最後，向端線的障礙物運球突破。這個練習最後應以突破、變向運球、勾手投籃或跳投結束。

　　**要點提示：**強調投籃前的急停動作，要求起跳快，起跳後保持平衡。

### 練習 106　接球跳投

　　**練習目的：**隊員在罰球區附近站位，練習擲界外球進攻配合投籃。

　　**練習方法：**隊員 SF 持球，其他隊員的站位如圖 145 所示。PG 迅速掩護 SG，C 在 SG 的防守隊員繞過進攻隊員的無球掩護，或者防守一方交叉換位防守時，給 SG 做第二次掩護。SG 擺脫防守後接隊友的界外球自己跳投。如果防線未被拉開，SG 觀察在掩護後向限制區內擺脫的 C 或切入低

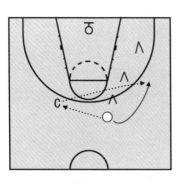

圖 144

圖 145

策應位置的 PF。

如果沒有達到預期的目的，則按圖 146 所示繼續：C 迅速上提與 SG 配合進行攻擊；SF 發球後利用 PF 和 PG 的掩護擺脫防守後伺機跳投。

**要點提示**：重點強調掩護的品質及接球急停跳投的動作。

### 練習 107　強力投籃

**練習目的**：練習強力投籃和晃投的假動作。

**練習方法**：如圖 147 所示，隊員在場外站位，④為中鋒，⑤為助理教練員，用兩個球，放在兩側籃下。④快速跑向一側拾起球衝向籃下，投籃後奔向另側做同樣動作。⑤接④投中或未投中的球後放回原處。④也可在投籃前加一個上下晃球的動作，但不應做兩次或更多的晃球假動作，以免造成 3 秒違例。

此練習可進行 30 秒鐘，然後④⑤交換練習。

圖 146

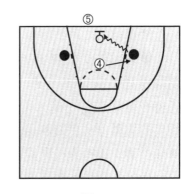

圖 147

130

## 練習 108　衝入投籃練習

**練習目的：**練習後撤步、上下晃球的動作及練習衝入投籃。

**練習方法：**如圖 148 所示，在限制區兩側籃下附近地上各放一球。①邁步向前撿起球，做後撤步，做兩次上下晃動的投籃動作衝入上籃。X1 奔去拼搶投籃

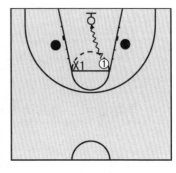

圖 148

後的球，把它放在剛空出來的原來放球的位置上，然後移至另一側的放球地點，撿起球，做後撤步、做兩次上下晃球動作，然後衝入投籃。

本次練習持續 1 分鐘，然後 X1 與①交換位置，再將本練習持續 1 分鐘，根據需要可以輪換若干次。

**要點提示：**後撤步動作有力，上下晃球動作逼真，衝入投籃突然快速。

## 練習 109　2 球投籃

**練習目的：**改進腳步移動及投籃技術。

**練習方法：**如圖 149 所示，隊員分成兩組，一組站在罰球線延長線位置，另一組站在端線，兩名教練 C1、C2 各持一球站在另一側。①向下為②作掩護，②先向籃下做切入的假動作，然後利用①的掩護擺脫至罰球線側接 C1 的傳球投籃；①掩護後向籃下轉身接 C2 的傳球投籃。投籃後自己衝搶籃板球並將球傳回教練 C1、C2。

此練習利用掩護配合訓練投籃技術，不僅可以改進隊

圖 149

圖 150

員的投籃技術，而且還可使隊員理解進攻戰術。

　　**要點提示：**各種腳步動作正確，接球急停跳投動作協調。

## 練習 110　3 人輪換投籃

　　**練習目的：**提高對抗緊逼防守的移動投籃技術。

　　**練習方法：**如圖 150 所示，3 名隊員用 1 個球在半場進行練習。①持球站在籃下，②、③分別站在三分線外 45 度角處準備投籃。①將球傳給②，並立即上前防守，積極封堵②投籃；②投籃後衝搶籃板球，將球傳給③，並上前封堵③的投籃，如此方法連續進行。

　　**要點提示：**

　　① 投籃隊員接球前要積極移動，以增加防守的難度。

　　② 投籃隊員必須根據防守情況果斷運用接球急停投籃或運球突破投籃。

圖 151

## 練習 111　擺脫防守隊員接傳球上籃

**練習目的：** 提高擺脫防守接球投籃能力。

**練習方法：** 如圖 151 所示，擺脫防守隊員接傳球，向籃筐方向運球突破。一面向球的方向移動，一面趁對手防守鬆懈，突然從他的前面以切入的方式突破。接球的位置要接近籃筐，即使不能接球後上籃，也還可以直接投籃。

**要點提示：**

① 速度的變換和方向的變換是關鍵。

② 開始可以先做向球的方向跑動做接球假動作，逐漸接近籃筐。如果接球時防守者已佔據有利位置，則可以從右側運球突破。

## 練習 112　外線隊員多種投籃練習

**練習目的：** 提高外線隊員利用運球及掩護創造多種投籃機會的能力。

練習方法：

方法 1：隊員每人拿一球站在中線後，跟隨排頭隊員做以下不同方式的投籃練習：

第一輪，從中線快速運球至罰球線右側急停跳投；第二輪，從中線快速運球至罰球線左側急停跳投；第三輪，從中線快速運球至罰球線右側，然後向左變向運球至罰球線內急停跳投；第四輪，從中線快速運球至罰球線左側，然後向右變向運球至罰球線內急停跳投；第五輪，從中線快速運球至罰球線右側，然後向左變向運球至罰球線內用左手勾手投籃；第六輪，從中線快速運球至罰球線左側，然後向右變向運球至罰球線內用右手勾手投籃。

方法 2：隊員每人拿一球站在端線，跟隨排頭隊員做以下投籃練習：

第一輪，將球傳給站在對側罰球線外側的教練後，擺脫防守快速切入至同側罰球線外側接教練的回傳球跳投；第二輪，將球傳給站在罰球線的教練後，後退至同側場角接教練的回傳球跳投；第三輪，將球傳給站在對側罰球線外側的教練後，向上移動模擬後掩護配合，然後向教練移動接球跳投。以上練習均在場地兩側進行。

方法 3：隊員每人拿一球站在後衛位置，跟隨排頭隊員做以下投籃練習：

將球傳給站在 45 度角的教練後，向傳球反方向模擬側掩護配合，然後轉身向下移動接教練的傳球投籃。

**要點提示：**按練習順序高品質完成各種練習，強調運球急停跳投及接球急停跳投的腳步、起跳及空中投籃動作。

### 練習 113　前鋒和後衛投籃練習

**練習目的：**提高前鋒及後衛的運球急停和接球急停跳投技術。

**練習方法：**如圖 152 所示，前鋒隊員、後衛隊員持球分立於兩個半場，各自進行投籃練習。後衛隊員練習運球急停跳投，前鋒隊員練習接球急停跳投。後衛隊員練習時，自拋後旋球然後移動接球，再運球急停跳投。前鋒隊員練習時，在罰球線處接同伴的傳球跳步急停跳投。如圖 153 所示，前鋒隊員擺脫後切入接教練員的傳球，調整好位置投籃，不中則衝搶籃板球並補籃投中。前鋒隊員可向下擺脫後向上切入，也可向上擺脫後向下切入。

**要點提示：**

① 練習時隊員腳步動作要正確，做投籃假動作後最多運球 2 次再急停跳投。

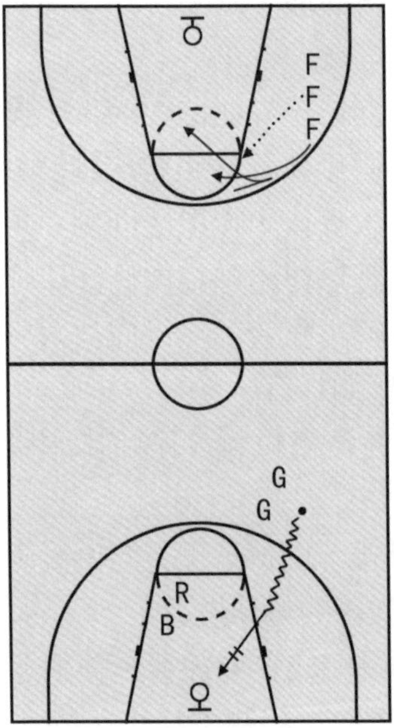

圖 152

圖 153

② 如果投籃不中則必須跟進補籃。

③ 在練習開始時，練習隊員不要盡全力。

## 練習 114　高大隊員投籃練習

**練習目的**：訓練高大隊員的投籃技術。

**練習方法**：美國 NCAA 勁旅杜克大學非常重視隊員的投籃訓練，此練習是他們最常用的方法。這是一個非常實效的練習方法。

如圖 154 所示，練習開始，練習隊員向下做掩護後橫切至限制區另一側接球投籃，再沿斜線通過限制區至初始側做後掩護並轉身橫切至低策應位置接球投籃，最後向上移動到弧頂處接球投籃。

**要點提示**：此練習的核心是訓練隊員的移動和投籃。

## 練習 115　1 對 1 防守投籃

**練習目的**：提高 1 對 1 防守情況下的投籃能力。

**練習方法**：如圖 155 所示，2 名隊員 1 組，1 名隊員傳

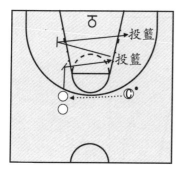

圖 154

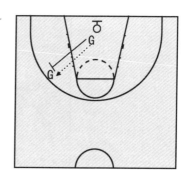

圖 155

第 2 部分　進攻技術訓練

球 1 名隊員投籃，練習 30 秒鐘。

傳球隊員傳球給投籃隊員後，要立即上前防守其投籃，並擋位爭搶籃板球。在 30 秒內計總投次和總中次。接下來可以變化練習形式，即接球後做投籃假動作，然後持球突破上籃或急停跳投。

要點提示：要根據防守情況，利用假動作創造突破上籃和急停跳投的機會。

### 練習 116　投籃競賽

練習目的：提高突破分球及接球後投籃的應變能力。

練習方法：如圖 156 所示，進攻方也可從中路運球突

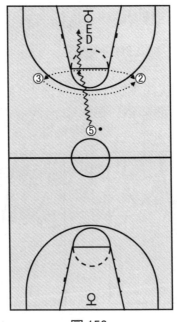

圖 156

破後分球給同伴投 3 分，或突破防守後直接上籃（沒有對手防守的情況下）。進攻隊員搶獲前場籃板球後可直接投籃。進攻隊員盡可能不要強行突破上籃，應通過運球突破吸引對手上前防守，為同伴創造投籃機會。

例如，⑤運球突破後向外傳球給③，③快速傳球給②進行 3 分投籃。在此練習中，投中 3 分球計 2 分，上籃得分則計 1 分。

**要點提示：**

① 進攻方應盡可能多傳球，利用傳球調動對手的防守，創造更好的 3 分投籃機會。

② 練習 10 分鐘，優秀組應得到 30 分，較差組可能只得 20 分。

### 練習 117　3 次傳球投籃

**練習目的：**改善隊員機能水準，提高在對抗條件下的傳接球、投籃和搶進攻籃板球的能力。

**練習方法：**如圖 157 所示，在籃下持球的 X1 將球傳球

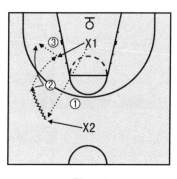

圖 157

給 X2 後快速移動到限制區外的低策應位置，X2 在同側從外圍向端線運球，在適宜的距離與時機將球傳給 X1，隨後快速擺脫防守接 X1 的回傳球投籃並衝搶籃板球，如果球未中，要補籃直到球中籃。X1 傳球後迅速拉到外線原 X2 所處的位置，準備接 X2 的傳球重複上述的練習。

　　教練員還可以根據需要對投籃隊員施加不同程度的防守壓力，以提高其在對抗中的實戰能力。

　　要點提示：配合行動要默契、擺脫防守要迅速，但不能因為追求快速而影響了投籃的品質。

## 練習 118　最後時刻的投籃配合

　　練習目的：練習罰球區附近落位發界外球進攻，以及面對對方一對一防守時在最後幾秒的快速投籃配合。

　　練習方法：隊員的站位如圖 158 所示。PG 向邊線拉開，C 插入籃下準備接 SG 的高吊傳球進攻，SF 進入罰球區為 PF 做掩護。SF 在掩護後向籃下轉身準備接 SG 的發球進攻。PF 繞過 SF 的掩護至限制區內，接發球跳投。同時 PG 做無球的擺脫以吸引防守隊員，他是此練習最後一個發球選擇的物件，因為他接球後的投籃距離最遠。

　　要點提示：如果是在比賽中，教練員應在暫停後指令進攻隊員運用上述發球戰術配合。

## 練習 119　面對防守運球投籃

　　練習目的：提高運球突破上籃及運球急停跳投技術。

　　練習方法：如圖 159 所示，2 人一組，1 人投籃，另 1 人傳球。傳球隊員傳球後立即衝上去消極防守投籃，投籃

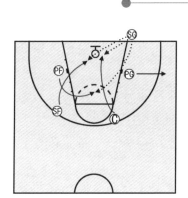

圖 158

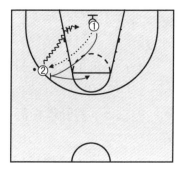

圖 159

隊員接球後做投籃假動作，然後快速從防守隊員的左側突破，向下運球一定次數（根據情況規定運球次數）急停跳投，投籃隊員投籃後衝搶籃板並將球傳給防守隊員，2人交換位置練習。

投籃隊員自己計投中數與不中數，投籃點由隊員在比賽中的位置決定；投籃的數量和品質要分別評價和記錄。

方法1：3分線或外線假動作投籃——變向運球急停跳投

2人一組1球輪流投籃，共練習3分鐘，應投籃33～35次，如果命中率為60%，則應投中20個球。

方法2：外線假動作投籃——變向運球強行上籃

2人一組1球輪流投籃，共練習3分鐘，應投籃30～32次，如果命中率為70%，則應投中22個球。

方法3：假動作投籃——運球1～3次——面對內線防守強行投籃——假動作投籃——擺脫防守投籃

3人一組1球輪流投籃，共練習3分鐘，應投籃20次，如果命中率為60%，則應投中12個球。

方法 4：假動作投籃——運球 1～3 次——突破內線防守投籃

4 人一組 1 球輪流投籃，共練習 4 分鐘，應每人投籃 14～16 次，如果命中率為 70%，則應投中 10 個球。

方法 5：假動作投籃——運球 1～3 次——插進前傾投籃

4 人一組 1 球輪流投籃，共練習 4 分鐘，應每人投籃 10～12 次，如果命中率為 50%，則應投中 5 個球。

方法 6：運球——假動作投籃——外線投籃

3 人一組 2 球輪流投籃，共練習 3 分鐘，應每人投籃 24 次，如果命中率為 60%，則應投中 14 個球。

**要點提示：**反覆練習上述各種方法的運球投籃，注意各種方式的不同要求。

### 練習 120　全隊 3 球投籃練習

**練習目的：**提高實戰情況下的投籃技術。

**練習方法：**全隊分成人數相等的 2 組，分別在 2 個半場練習投籃。如圖 160 所示，每組在圖中所標的 4 個位置連續投籃，每個位置要求投中 50 個球。投籃位置順序為：①——②——③——④。先投中 50 個球的組獲勝。如圖 161 所示，每組用 3 個球，隊員投籃後衝搶籃板並將球傳給另一排的

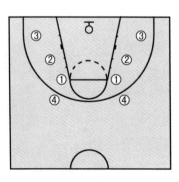

圖 160

隊員，然後跑至該排的隊尾。

　　要點提示：

　　① 以比賽速度移動和傳球；

　　② 接球後做「三威脅」姿勢；

　　③ 投籃後衝搶籃板球。

### 練習 121　30 秒投籃

　　**練習目的**：訓練以比賽速度投籃。

　　**練習方法**：如圖 162、163、164 所示，投籃點為場地中任意 A、B 兩點，要求盡可能快速地從 A 移動到 B 接球投籃，在 30 秒鐘時間內投中 8 個 2 分球或 6 個 3 分球。

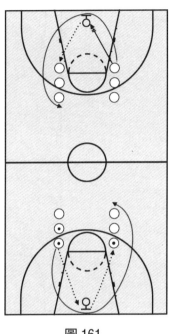

圖 161

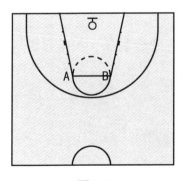

圖 162

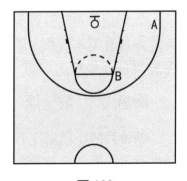

圖 163

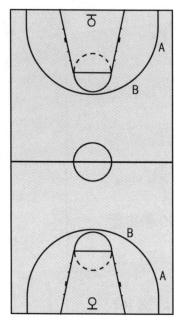

圖 164

**要點提示：**

① 快速移動接球急停投籃，但注意投籃動作的完整性；

② 形成快速的投籃節奏；

③ 注重基本技術：腳步移動、急停動作、各種角度投籃。

## 練習 122　罰　球

**練習目的：**模擬比賽情況練習罰球，提高隊員在不同條件及不同壓力下的罰球命中率。

**練習方法：**教練必須訓練隊員提高在各種困難條件下

不斷挑戰自我的能力。

方法 1：5 分投籃比賽

空心入籃計 5 分；碰到籃圈直接入籃計 4 分；碰到籃圈兩側後入籃計 3 分；碰到籃圈彈起 3 次後入籃計 2 分；沿著籃圈邊沿滾動後入籃或碰板入籃計 1 分；不中計 0 分。投籃隊員不僅要集中注意力將球投中，而且要儘量使球空心入籃。

方法 2：「罰跑」投籃比賽

根據隊員情況將全隊分成 2 人、3 人或 4 人一組，每名隊員只投 1 次籃，如果組中的第 1 名隊員投中而第 2 名隊員不中，則沒有投中的隊員被罰繞球場衝刺跑 1 圈，如果組中的頭 2 名隊員都投中而第 3 名隊員沒投中，則沒有投中的隊員被罰繞球場衝刺跑 2 圈；以此類推。

此練習對提高罰球隊員的心理素質非常有用，因為練習時罰球隊員的壓力是逐步增加的，每組最後的一名投籃隊員壓力最大。

方法 3：改變球籃罰球

隊員連續在體育館內的每個球籃罰球（教練可規定罰球次數）。此練習避免隊員只在同一球籃罰球，以促使隊員不斷調整投籃動作。

要點提示：

① 根據隊員的具體情況制訂罰球訓練計畫，並堅持練習直到隊員的罰球命中率達到 80% 以上；

② 投籃時強調下肢的協調用力（出手後提起腳踵）；

③ 投籃時肘關節對準籃圈，投籃出手後保持手臂伸直的跟隨動作 2 秒鐘；

④ 眼睛始終盯著籃圈，調整呼吸；

⑤ 投籃前檢查自己的投籃動作。

### 練習 123　多種選擇進攻配合

**練習目的**：隊員菱形站位，練習發界外球進攻戰術。

**練習方法**：此練習由 PG 擲外球開始，其他隊員如圖 165 所示站位。

C 和 SF 斜插入限制區為 SG 做雙掩護；PF 突然拉邊接界外球，接到球後再傳給借雙掩護切到三分弧頂的 SG，如果防守雙掩護的隊員沒有交換，SG 就有跳投的機會；如果防守換人，SF 在限制區內突然轉身要球並跳投。

進步的配合如圖 166 所示，PG 把球傳給 PF，PF 再傳給三分線弧頂的 SG，然後，C 和 SF 向下移動為 PG 做雙掩護，PG 沿著底線借助雙掩護或 PF 的掩護繞到任一側接 SG 的傳球跳投。

另外一個選擇是，SF 可以再次為 C 做掩護，C 借掩護擺脫斜向上提要球轉身投籃。

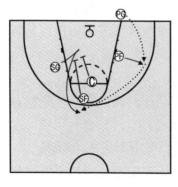

圖 165

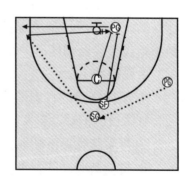

圖 166

要點提示：反覆強化此練習的各種選擇，使隊員們在運用中能夠得心應手。

## 練習 124　傳球、搶籃板球和跳投

**練習目的**：提高隊員傳球、搶籃板球和底線跳投的能力。

**練習方法**：將隊員分為 3 組，其中兩組可同時練習，剩下的一組可在端線外等候。隊員如圖 167 所示落位，後衛 G 要巧妙準確地將球傳給中鋒 C，當中鋒 C 接到球時，前鋒 F 快速向底線移動接中鋒的傳球並急停跳投，若未中則要補籃投中，中鋒衝搶籃板球，隨後把球回傳給後衛，三人互換位置繼續練習。

教練員可以選擇逐步增加一名、兩名或三名，防守隊員來提高練習的難度。

**要點提示**：強調正確的傳球、投籃和搶籃板球的技術動作及運用方法。

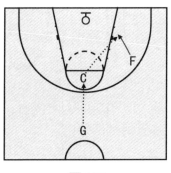

圖 167

### 練習 125　大強度投籃

**練習目的**：訓練大強度下投籃的命中率。

**練習方法**：如圖 168 所示，一人投籃一人計數，進行 1 分鐘連續投籃，投籃隊員自投自搶籃板並運至投籃點投籃。

**要點提示**：

① 以隊員持球投籃開始計時，要求 1 分鐘內投中 12 次。投籃隊員投籃後自搶籃板，運 2 次球，然後急停跳投。

② 不斷重複運球急停、轉身、投籃、搶板。可以向任何方向、任何地點運球投籃，但必須離籃一定的距離；

③ 不要固定在某一點投籃，盡可能多點投籃，投籃時必須面對籃圈。

### 練習 126　3 人投籃練習

**練習目的**：提高移動投籃技術。

**練習方法**：如圖 169 所示，3 名隊員一組，2 個球，一

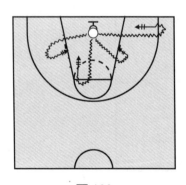

圖 168

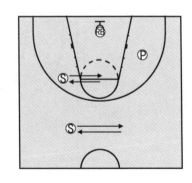

圖 169

個球籃,其中 1 名為投籃隊員、1 名為傳球隊員、1 名為搶籃板球隊員;投籃隊員和傳球隊員分別拿一球。這一練習還可將範圍擴大至 3 分線外,進行 3 分球的投籃訓練。

**要點提示:**

① 要求在 1 分鐘內投中 14 個球。要想保證這一練習的訓練效果,必須強調投籃的命中率。要不斷激勵好的投籃隊員成為更優秀的投籃手。

② 練習時,要求投籃隊員必須不停地從罰球線一側移動至另一側,而且必須快跑,否則就不可能得到足夠多的投籃次數,應爭取在 1 分鐘內投籃 25 次。

③ 投籃隊員要不停地快跑、急停接球、跳投,如果他已經達到 1 分鐘內投中 14 個,則進一步提高要求,讓他們不斷面臨新的挑戰。

### 練習 127　21 次投籃

**練習目的:**提高快速投籃能力,培養團隊精神。

**練習方法:**全隊分成 A、B 兩組,A 組在一個半場,B 組在另一半場。如圖 170 所示站位,每一列拿一個球,在罰球線周圍的 4 個點投籃。投籃隊員投籃後衝搶籃板球,並將球傳給下一個投籃隊員,然後跑到本列的隊尾。

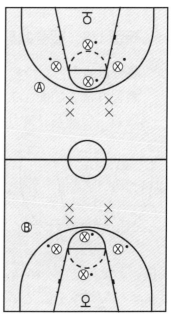

圖 170

要求投籃隊員接球後必須立即投籃。先投中 21 個球的組獲勝，另一組罰衝刺跑。一旦在某點投中 21 個球，則立即轉到第 2 點投籃。

**要點提示：**

① 要求以比賽速度投籃，並讓隊員自己計數。計數有利於培養隊員的團隊精神，所以要強調每一隊員都大聲計數。

② 在罰衝刺跑的時候同樣要嚴格要求，嚴禁隊員沒接觸到線就返回。

③ 在訓練中必須保持要求的一致性，有些教練往往在這方面出問題。如果在小的方面不嚴格要求，就不可能取得好的訓練效果，更不可能在今後比賽中取得好的成績。

### 練習 128　疲勞狀態下投籃

**練習目的：**提高投籃技術的穩定性及耐力素質。

**練習方法：**如圖 171 所示，此練習需要一名教練員和一名隊員，教練員持球站在限制區內，練習隊員站在罰球線的一個端點上。

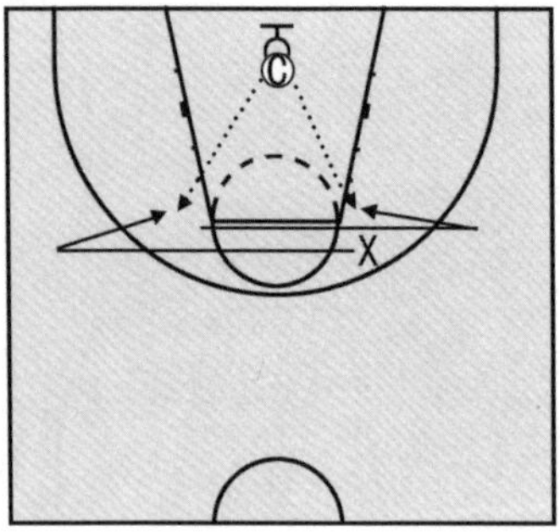

練習從教練員將球傳給隊員開始，隊員接球後立即跳投，然後全速衝向異側用於去觸摸邊線，同時教練員搶籃板球。當隊員回到罰球線的另一個端點時，再接教練員的傳球跳投。如此往返進行，直到隊員投中一定的次數（如投中

圖 171

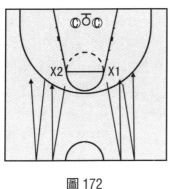

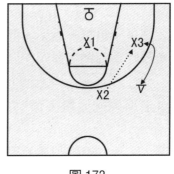

| 圖 172 | 圖 173 |

第2部分　進攻技術訓練

10 次）為止。

圖 172 是一種包括兩名教練員（各持一球）和兩名隊員的投籃練習，隊員 X1 和 X2 分別站在罰球線兩端。此練習也從隊員接教練員的傳球跳投開始，但投籃一次後要迅速觸摸一次中線。教練員可根據隊員的能力與訓練要求確定投籃的距離。

**要點提示：**

① 如果兩名隊員同時練習，可以對在規定的區域內先投中 l0 次的隊員進行獎勵或鼓勵。

② 即使隊員在練習中呈現疲勞的狀態，教練員也應要求隊員保持正確的投籃動作。

### 練習 129　55 秒投籃

**練習目的：**在高強度情況下練習投籃，提高隊員耐力素質。

**練習方法：**如圖 173 所示，此練習需要 3 名隊員（一名搶籃板球隊員 X1，一名傳球隊員 X2 和一名投籃隊員

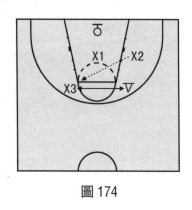

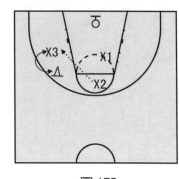

圖 174　　　　　　　　　　圖 175

X3）、兩個球。

　　練習從 X2 向 X3 傳球開始，X3 接球後立即跳投，落地後全速移動觸摸一個 3 公尺外的圓錐形標誌物，然後返回起始位置準備下次投籃。每次投籃後都由 X1 搶籃板球並迅速傳給 X2，X2 再傳給 X3，X3 在快速移動中接球急停跳投並力爭在 55 秒內完成 25 次投籃。如圖 174 和圖 175 所示，標誌物和投籃地點都可以變化，這樣可以讓投籃隊員練習從不同角度和距離投籃。在完成預先規定的投籃數量後，3 名隊員輪換角色。

　　**要點提示：**

　　① 強調投籃隊員出手動作的協調連貫、快速壓腕及指端撥球。

　　② 搶籃板球和傳球隊員要以飽滿的熱情和準確、高效的配合行動與投籃隊員共同完成這個高強度的練習。

## 練習 130　兩人投籃

　　**練習目的：**提高隊員身體機能水準和在比賽氣氛中傳

圖 176

接球、投籃及搶進攻籃板球的能力。

　　**練習方法**：如圖 176 所示，負責搶籃板球任務的 X1 在籃下持球，外圍的 X2 由移動擺脫防守，並喊出 X1 的名字示意要球，當接到 X1 的傳球後跳投，然後自己衝搶籃板球。如果沒有投中，他要搶到籃板球後，再投，直至中籃。X1 傳球後立刻向外圍移動準備接 X2 的傳球投籃。如此兩名隊員不斷輪流投籃。

　　教練員也可以讓同一名隊員在同一個位置完成固定數量的投籃再輪換角色。教練員可以從實際需要出發，由對投籃隊員施加不同程度的防守壓力來訓練其投籃技術。

　　**要點提示**：

　　① 教練員應強調練習隊員之間口頭交流與默契行動的必要性。

　　② 教練員還要強調保持練習的流暢性和隊員擺脫防守的靈活性，但不能為了單純追求快速而影響投籃的品質。

# 六、突破技術訓練

### 練習 131　體前交叉步突破

**練習目的：**學習體前交叉步突破技術。

**練習方法：**示範講解時，需一名教練員、一名運動員。練習時，隊員站位如圖 177 所示。在罰球線及中線處的四方框兒是用膠條貼在地板上邊長 0.6 公尺的正方形。隊員從距教練員Ⓒ3 公尺處向教練員運球，剛開始時用慢速，以後逐漸加快速度。

當隊員運球至接近方框兒時，做體前交叉步突破，教練員應隨隊員的假動作而做出相應的防守動作，以便於教會隊員不僅會做這個動作，而且能掌握做這個動作的時機。這個動作和介紹過的晃突動作是相輔相成的。

**要點提示：**強調技術的規範及掌握做動作的時機。

### 練習 132　運球中的交叉步突破

**練習目的：**學習運球中的交叉步突破。

**練習方法：**隊員站位如圖 178 所示，用膠條在場上貼好 0.6 公尺見方的小方框兒。向場內運球，運至小方框兒處做體前交叉步；運至遠端端線處做後轉身（或前轉身），再運球返回起點，中途見小方框兒即做體前交叉步的動作。所有隊員重複同一練習。

開始運球時用右手，回程用左手，這樣可培養運球突向中間和邊線的能力。也可往返都用左手或都用右手。

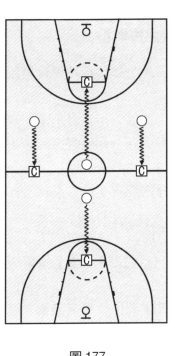

圖 177

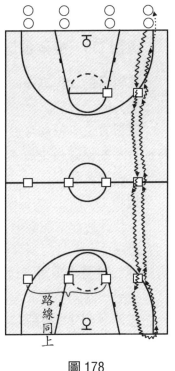

路線同上

圖 178

還可用此方法做運球比賽。將隊員分成若干組互相比賽，或讓小個隊員與大個兒隊員比賽，或讓第一隊隊員與第二隊隊員比賽。

**要點提示：**

① 保護好球是首要任務，但對運球體前交叉步應有充分理解並掌握它。

② 球應處於膝外 0.5 公尺遠的地方，身體處於對手與球之間，用側滑步運球或側對防守者，加上頭和肩的假動作。歸根到底是要對手把身體重量落在腳跟上，失去平

衡。

### 練習 133　變向運球突破接急停跳投

**練習目的：**提高變向運球突破、急停跳投技術及果斷決策能力。

**練習方法：**根據隊員的數量，此練習可在場地兩側同時進行。如果隊員少於 4 人，則可先在一側練習，然後再在另一側練習。

如圖 179 所示，在場地兩側分別放置 3 個錐形物當作防守，教練持球站在圈頂。

方法 1：隊員接到教練員的傳球後，果斷突破第一個防守運二次球，在第二個防守前急停跳投，並衝搶籃板球。在另一側同樣方法進行練習。

方法 2：隊員接到教練員的傳球後，果斷突破第一個防守，在第二個防守前變向運球，在第三個防守前急停跳投，並衝搶籃板球。在另一側同樣方法進行練習。

方法 3：隊員接到教練員的傳球後，果斷突破第一個防守，在第二個防守前變向運球，在第三個防守前變向運球，勾手投籃並衝搶籃板球。

**要點提示：**果斷突破，變向運球與投籃動作銜接緊湊。

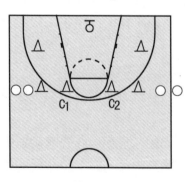

圖 179

## 練習 134　跨步急停接交叉步突破

**練習目的**：提高運用交叉步突破的應變能力。

**練習方法**：如圖 180 所示，跑動中快速的跳步（左腳→右腳）和跨步急停。與兩腳急停相似，也可以左→右跨步，做出向右運球的假動作。

防守隊員如向進攻隊員移動，則可用交叉步從左側突破過人。當然，如果對手沒有反應，那就快速地依舊從右側突破。相反也有按右腳→左腳的方式進行的，如圖 181 所示。防守隊員向進攻隊員左側移動，則利用交叉步向右側突破；如果對方沒有反應，就繼續從左側突破。

**要點提示**：適時地根據場上的情況進行判斷，合理採用向左右側的交叉步突破。

## 練習 135　從防守隊員的兩側突破

**練習目的**：提高隊員腳步動作的熟練程度及運用運球突破的應變能力。

圖 180

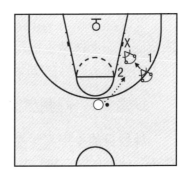

圖 181

圖 182

**練習方法：** 如圖 182 所示，從防守隊員兩側突破，首先是從防守隊員左側突破（即進攻隊員的右側）。此時，防守隊員的反應是要阻止進攻，必然向左（進攻隊員的右側）移動。同時，進攻隊員立即向右側（防守隊員的左側）運球突破，即在瞬間做出與對方動作相反方向的運球突破。

不是從防守者的正面，而是從兩側運球突破。當然，對方如沒有反應，就可以直接從左側運球突破。相反，向右側運球突破也是一樣，防守隊員向右側反應時，進攻隊員就從左側運球突破。

**要點提示：**

① 持球突破時可以根據場上的情況任意選擇和使用各種跨步動作，但單腳急停不能算是好辦法，因為在進攻隊員接球階段，對方已經做好了準備。

② 無論從防守者的哪一側突破，都要考慮到如何以易於突破的節奏做跨步擺脫防守。至於如何突破，則要根據個人的習慣，只要有擺脫防守的速度，怎麼做都可以。

### 練習 136　同側步接交叉步突破

**練習目的：** 提高隊員腳步動作的熟練程度，練習以同側步為假動作並銜接交叉步運球突破的技術。

**練習方法：** 如圖 183 所示，全隊分成兩組，分別站在

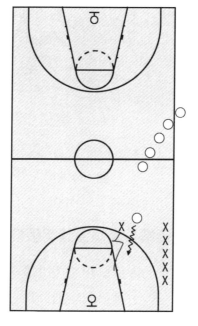

圖 183

球場右側的邊線上，○組進攻，Ｘ組防守，兩組第一名隊員首先參加練習。進攻隊員先向自己的右側前方跨出一小步，同時將球也擺向身體的右側，當防守隊員向右移動切斷其進攻路線時，進攻隊員以左腳為中樞腳，右腿快速回收並向左側前方跨出，將球再擺向左側，換成左手快速向籃下運球突破，突破時運球隊員的身體應保持在防守隊員和球之間。

　　該練習也可以在半場的另一側進行，只不過腳步動作和運球手剛好相反。根據教練員的訓練任務，此練習還可從罰球區弧頂處進行。

　　**要點提示**：切入要果斷，交叉步移動要快速。

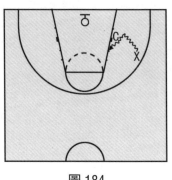

圖 184

### 練習 137 後轉身變向運球突破投籃

**練習目的：**提高隊員跳起碰板投籃與後轉身變向運球突破的能力。

**練習方法：**如圖 184 所示，練習需要一名隊員和一名教練員，教練員 C 站在低策應位置防守，隊員 X 落位於同側側翼位置，練習開始，X 運球逼近 C，假設 C 卡底線阻止其底線突破，當 X 運球靠近 C 時，上左腳做軸靠近 C，轉身撤右腳完成後轉身運球，接著向右側橫跨一大步做跳起碰板投籃。投籃隊員自搶籃板球後去另一側重複上述練習。

**要點提示：**教練員可以變換練習形式成增加一名防守隊員來加大練習的難度。

# 七、搶籃板球技術訓練

## 練習 138　1 對 1「擋人」搶欄板球

**練習目的：**提高拼搶防守籃板球的擋人技術。

**練習方法：**防守者 X1、X2 按圖 185 所示在罰球圈裏站好位置，①②站在罰球圈外。教練員將球放在罰球線中間的位置，聽到教練員的信號後（哨音、口令等），防守者力爭不使攻方隊員觸到球，可採取退到球前防守、橫滑轉身擋人或立即轉身面對面擋人，進攻者設法利用腳步動作觸到球。如果防守者能把對手擋住 3 秒鐘或更長一些時間，就已為投入正式比賽做好了準備。

**要點提示：**分別練習退到球前防守、橫滑轉身擋人或立即轉身面對面擋人技術。

圖 185

### 練習 139　搶獲籃板球持球技術

**練習目的：** 提高隊員搶籃板後或被緊逼防守時保護球的能力。

**練習方法：**

方法 1：如圖 186 所示，當聽到教練的哨聲時，持球或不持球隊員都做好顎下持球姿勢，強調隊員的注意力及快速反應；然後保持顎下持球姿勢轉身面向教練。

方法 2：搶進攻籃板時顎下持球技術。如圖 187 所示，隊員用雙手將球碰籃板上沿假設進攻籃板球，①和②用雙手搶籃板，搶獲球後做顎下持球動作，然後向籃下強行進攻投籃。要求用雙腳起跳雙手搶籃板，將球傳給下一名隊員，排到另一隊隊尾。

方法 3：如圖 188 所示，將球碰板假設防守籃板，然後雙腳起跳，雙手搶籃板球，做顎下持球動作，向外傳球（X1 傳給 X5）。X5 傳球給 X2，X2 傳球給 X6，然後回傳給 X2。注意接球隊員接球前做 V 形切入後擺脫接球。練習一定時間後交換到另一側練習。

**要點提示：**

① 顎下持球，手指張開

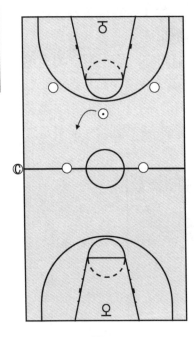

圖 186

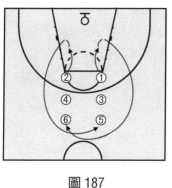

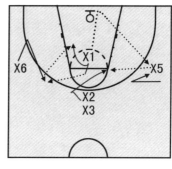

圖 187　　　　　　　　圖 188

（避免持球擺動，始終保持肘關節外展，持球於顎下的姿勢）。

② 顎下持球技術就是指身體成基本姿勢（兩腳開立與肩同寬，重心在兩腿之間，各關節彎屈）站立，雙手五指張開，牢牢地持球於顎下，肘關節外展。

### 練習 140　4 攻 3 防守搶籃板球

**練習目的**：培養防守隊員每投必搶的意識。

**練習方法**：如圖 189、190 所示，4 名進攻隊員在 3 分線外成弧形落位並傳球進攻，3 名防守隊員積極移動防守；當防守隊員出現空當時果斷投籃。

**要點提示**：

① 高高伸出一隻手大聲喊：「投籃！」並積極拼搶每一次籃板。

② 搶籃板時雙腳垂直向上跳。

③ 搶籃板前一定要先搶位擋人。

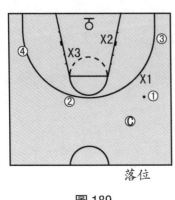

落位

圖 189

傳球、投籃／搶位擋人

圖 190

## 練習 141　搶籃板球練習

**練習目的**：提高搶攻守籃板球的基本技術。

**練習方法**：

方法 1：如圖 191 所示，①、②防守 A、B，①傳球給 A 投籃；如果投中則繼續進攻，直到投籃不中形成籃板。①、②擋住 A、B，4 名隊員都拼搶籃板。如果①、②搶獲籃板球，則立即投籃或形成 2 對 2 進攻 A、B。如果 A、B 搶獲籃板球則力爭得分。得分的隊排到籃下隊尾，沒有得分的隊排到場上的隊尾。練習一定時間後，得分少的隊罰跑圈。

方法 2：如圖 192 所示，5 對 5 搶籃板球練習。進攻隊正常進攻，當進攻投籃時，所有隊員都拼搶籃板，搶獲進攻籃板得 1 分，搶獲防守籃板得 2 分；如果要強調搶進攻籃板，也可規定搶獲進攻籃板得 2 分，搶獲防守籃板得 1 分；練習要求達到一定分值。

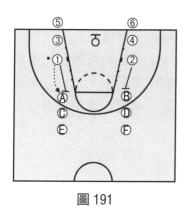

圖 191

圖 192

第2部分　進攻技術訓練

**要點提示：**

① 熟練每一個練習，並適應本隊的打法。

② 練習要具有競爭性，讓隊員自己決定練習的輸贏。

③ 立即用比賽強化練習效果。對比賽的勝負必須進行獎懲。在比賽練習前最好由隊員自己制定獎懲辦法，這樣有助於提高隊員的自我約束能力，增強教練與隊員的關係。

## 練習 142　搶籃板球比賽

**練習目的：** 提高拼搶籃板球時搶位擋人的基本技巧。

**練習方法：** 如圖 193 所示，以半場 5 對 5 形式進行，主要提高隊員對籃板球重要性的認識。計分方法為：搶獲防守籃板球得 1 分；被侵一次得 1 分；搶到進攻籃板得 2 分。

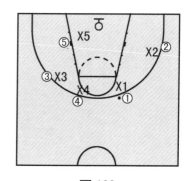

圖 193

進攻隊得分後、防守隊搶到籃板或進攻隊失誤後雙方交換攻守，並將球傳給站在罰球線延長線的教練。比賽既可規定分數來判定勝負（如某隊先得 20 分），也可以規定的時間內得分多少判定勝負。這是一個對抗性、競爭性非常強的練習。

**要點提示：**對球權交換反應快，攻轉守要快。

## 練習143　二對二搶籃板球

**練習目的：**提高拼搶籃板球前在籃下爭奪位置的技術。

**練習方法：**如圖 194 所示，在罰球線兩端各設一名隊員作為進攻者，各備一名防守隊員防守，教練員沿 3 分球弧線運球（或距離較近些），在運球過程中，假若①②不被正確防守的話，可將球傳給①或②，①或②可如圖所示路線做內、外策應的移動。

當教練員把球傳給內線時，接球者奔向籃球投籃，教練員也可自行投籃。當有人投籃時，X1、X2 要做擋人的動作，而①和②利用搶位技術，與 X1、X2 爭搶位置。

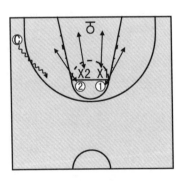

圖 194

**要點提示：**

① 所有的攻守隊員都應首先向搶球區域和次要搶球區域做必要的移動，提高對籃板球反彈規律的瞭解和移動能力。

② 搶得防守籃板球者，或是發動快攻第一傳或是從籃下運球突圍；搶得進攻籃板球

者，可將球直接撥入籃筐或撥給同伴，或得球落地後做上下晃動動作，或衝入上籃，或者搶得球後在空中直接投籃。

## 練習144　二次進攻投籃

**練習目的：**提高拼搶進攻籃板球二次進攻的能力。

**練習方法：**將全隊分成3組，每組4名隊員，前2組隊員先進行半場4對4攻防，第3組在場下準備防守，各隊搶獲進攻籃板球的次數為全隊的得分。

為了增加籃板球次數，可將籃圈封住或用較小的籃圈練習。具體方法如圖195所示，從中圈開始發動進攻，投籃前進攻隊員必須充分拉開；防守隊員要積極搶斷球、封蓋投籃、搶位擋人、拼搶籃板球；進攻方要努力創造高品質的第一次投籃和二次進攻投籃。無論進攻方搶獲進攻籃板球還是防守成功，進攻一方下場，防守轉為進攻，第3組上場防守，繼續進行半場4對4攻防。練習一定時間或一定的攻防次數，統計各隊得分，輸的一方給予一定處罰。

**要點提示：**

① 防守隊員要積極搶斷球、封蓋投籃、搶位擋人、拼

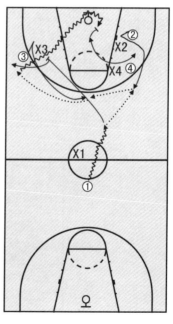

圖195

搶籃板球。

② 進攻隊員要積極拼搶進攻籃板並二次進攻投籃。

### 練習 145　插步轉身拼搶籃板球

**練習目的：**提高插步轉身拼搶籃板球的技術。

**練習方法：**隊員站位如圖 196 所示。教練員將球放在罰球線的中點處，發出口令後，所有的防守隊員都力爭把自己的對手擋在身後，不使他得到球；進攻隊員則設法觸到球。防守隊員設法把對手擋在身後 5 秒鐘。練習 1 分鐘後，攻守雙方交換職責。

防守隊員可按教練員要求做前轉身或後轉身，可以立即做轉身動作，也可以先做側滑步然後再做轉身動作，這就叫做防守者的「擋人」搶籃板球動作。進攻隊員要根據防守情況做插入步轉身或插入步衝入。不管用哪種動作，利用雙臂的劃臂動作以阻擋對手都是不可或缺的。

**要點提示：**

① 教練員也可不把球放在罰球線中央，而改用投籃的

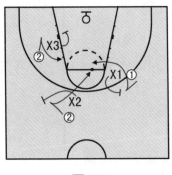

圖 196

方法。這時，每名隊員都必須堅持做好擋人的動作，直至球落地為止。如果攻方得到球，即可做晃投，或晃投後做體前交叉步投籃。

②防守者也不要等球落地再搶籃板球，而要立即搶，搶得球後，可以像發動快攻第一傳一樣，用雙手頭上遠傳球的方法傳給教練員，或運球突破甩開籃下的對手。

### 練習 146　點撥球

**練習目的：**訓練隊員搶籃板球技術，包括腳步動作、點撥球和控制球技術。

**練習方法：**如圖 197 所示，3 名隊員一組。練習開始，中間的隊員 X1 把球傳向籃板（碰板點應高於籃圈以上），球碰籃板後落向球籃右側的隊員 X2，X2 跳起用單手點撥球（即跳起把手臂伸向最高點時用手指接觸球，使球在手指的控制下快速將球撥出的動作）把球撥向球籃的對側（碰板點仍在籃圈以上），同樣，對面的隊員 X3 跳起再用單手點撥球，把球撥向球籃的對側，就這樣 X1 傳

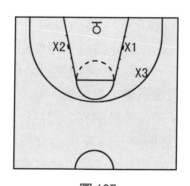

**圖 197**

球後跑到 X2 的身後，X2 點撥球後跑到另一側 X3 的身後，點撥球後跑到 X1 的身後。如此循環練習。讓隊員能夠連續不斷地完成一定次數的點撥球。

**要點提示：**

① 在練習中雙手應始終保持在肩以上高度，用雙腳跳起。

② 用手指和手腕的力量點撥球。

③ 點撥球的碰板點應高於籃板上小黑框的上沿，點撥應是一個極快的先「抓」後「傳」的動作。

④ 每名隊員都應快速移動到下一個起跳點，不能滑步。每組練習隊員的身高和彈跳能力應相仿。

⑤ 剛開始練習時隊員可用任意一隻手點撥球，當動作熟練後可在籃的左側時用左手點撥球，在籃的右側時用右手點撥球。

### 練習 147　二對二搶位擋人

**練習目的：**練習擋人技術，提高隊員搶位腳步移動能力。

**練習方法：**兩名進攻隊員○和兩名防守隊員 X 如圖 198 所示落位，○站在罰球線以上罰球圈外，X 站在罰球線以下的限制區外，○與 X 大約相距 1.8 公尺。

練習開始，教練員做一次投籃，球一出手，○力圖衝搶進攻籃板球，X 先向外移動將○擋在外面，然後搶籃板球。如果 X 搶到籃板球，則 X 與○交換攻防位置；如果○搶到籃板球，則練習繼續進行（攻守不交換）。

**要點提示：**要正確運用搶籃板球技術和腳步功作。

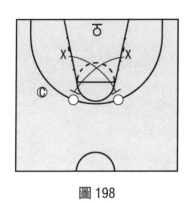

圖 198

圖 199

### 練習 148　移動搶籃板球練習

**練習目的**：提高搶籃板球的判斷能力。

**練習方法**：如圖 199 所示，①將球擲向籃板並使球反彈至另一側，然後移動至②的後面；②掌握好起跳時機在最高點觸球將球拍向籃板並使球反彈至另一側；③移動至①的位置重複②的搶籃板動作，如此往復。

當完成 30 次籃板後，3 人都到罰球線罰球一次，然後繼續上述練習，但這次要求用單手搶板（左側用左手，右側用右手）。

**要點提示**：注意判斷球的反彈位置，掌握好起跳時機。

### 練習 149　搶籃板球

**練習目的**：提高中鋒隊員在對抗情況下搶籃板球時穩定重心、身體平衡的能力。

**練習方法**：如圖 200、201 所示，進攻隊員站在罰球區的一側，防守隊員站在罰球區內搶籃板球的有利位置，教

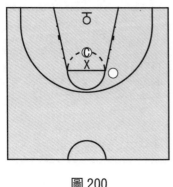

第2部分　進攻技術訓練

圖 200　　　　　　　　　　圖 201

練員站在防守隊員和球籃之間。

　　練習開始，進攻隊員投籃，在防守隊員搶籃板球時，教練員為防守隊員提供不同程度和形式的身體對抗，迫使防守隊員降低身體重心，維持身體平衡。

　　**要點提示：**

　　① 在練習中，重點訓練搶籃板球隊員在身體接觸的情況下維持身體平衡的能力。

　　② 搶籃板球隊員在身體接觸的情況下，空中平衡能力和落地穩定能力尤為重要。

### 練習 150　擋　人

　　**練習目的：**提高隊員搶籃板球時擋人的技術。

　　**練習方法：**如圖 202、203 所示，兩名防守隊員分別站在限制區的底角，每人手持一球。兩名進攻隊員分別站在限制區的上角。

　　練習開始，兩名進攻隊員分別接防守隊員的傳球後跳起投籃，防守隊員傳球後迅速上前防守，在投籃隊員投籃

圖 202

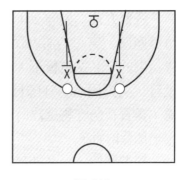

圖 203

出手大喊「投了」時，防守隊員迅速用身體擋住這名投籃隊員搶籃板球。

　　此練習可以根據需要加一些變化，使練習更加接近比賽，例如，進攻隊員可以在接球後運球 1～2 次，然後直接投籃，也可以突到籃下進攻，避免防守隊員掌握進攻隊員習慣的投籃位置，造成防守不積極。

　　要點提示：

　　① 防守隊員在傳球後必須跟隨球上前積極防守，正確運用腳步移動防進攻隊員突破，舉起上肢防進攻隊員投籃。

　　② 防守隊員要始終保持同進攻隊員的身體接觸，以防止進攻隊員為搶籃板球而擺脫溜掉。

　　③ 防守隊員運用合理的腳步移動，始終保持正確的防守姿勢是此練習的重點，絕對避免防守隊員養成腳步「懶散」，靠手拉、阻擋等不良的犯規習慣。

## 練習 151　搶籃板球及向外傳球

**練習目的**：提高隊員搶籃板球及向外傳球的能力

　　**練習方法：**如圖 204 所示，兩名進攻隊員分別站在上位策應區，另一名進攻隊員站在籃下限制區內。4 名防守隊員中的一名站在籃下，負責搶籃板球及封蓋投籃隊員的投籃，另外兩名防守隊員分別站在兩側距球籃 8～9 公尺處，負責在防守轉進攻時的接應，最後一名防守隊員站在另一球籃附近。

　　練習開始，一名進攻隊員投籃，限制區內的防守隊員先擋住同在此區域內的進攻隊員，然後再搶籃板球。如果球中籃，這名防守隊員必須在球落地之前將球拿住，然後在底線外發長傳球給另一半場的隊友，完成一次無人防守的進攻上籃。如果進攻投籃不中，防守隊員搶到籃板球，立即將球傳給距球籃 8～9 公尺處的任一防守隊員，並由其將球「還」給投籃隊員。

　　在此練習中，限制區內的進攻隊員要對籃下防守隊員的長傳球進行積極防守。在籃下防守隊員的長傳球完成後，另一名進攻隊員再進行投籃，繼續上述練習。每一位搶籃板球的隊員每次要「堅持」2～3 分鐘。

　　**要點提示：**

　　① 這個練習的重點在於訓練防守隊員的搶籃板球技術：手臂張開，在不犯規的前

圖204

提下將進攻隊員擋在外面，判定籃板球的落點以及保持較低的防守位置。

② 強調搶籃板球隊員長傳球的品質，在避免對方長傳球的同時，還要有利於接應隊員接球後的攻擊行動。

### 練習 152　永不言退

**練習目的：**提高隊員搶籃板球的能力。

**練習方法：**在此練習中，可以有 2 對、3 對或 4 對攻防隊員。如圖 205 所示，進攻隊員面向球籃，防守隊員保持良好的防守姿勢。

練習開始，教練員投籃，但不要將球投中，進攻隊員盡力搶籃板球，防守隊員先擋人，再搶籃板球。如果進攻隊員搶到籃板球，就立即直接補籃；如果防守隊員搶到籃板球，就立即將球傳到接應區 X 位置，重複練習。搶籃板球時，防守隊員一定要始終儘量將進攻隊員擋在外面。

**要點提示：**

① 此練習重點提高防守隊員在複雜多變的情況下搶籃板球的能力，同時培養隊員在搶籃板球之前先擋人的習慣。

② 在練習過程中，培養防守隊員搶籃板球的意識是此

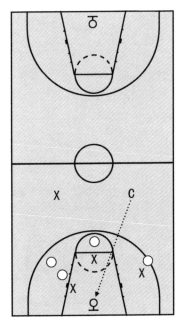

**圖 205**

練習的重中之重。

### 練習 153 「魚死網破」

**練習目的：**提高隊員搶籃板球的技術，培養隊員的攻擊性。

**練習方法：**如圖 206 所示，將全隊分成若干組，每組人數保持在 4～8 人。每組練習需要半塊場地。3 名隊員站在籃下準備搶籃板球。

圖 206

練習開始，教練員或一名隊員在限制區內投籃，但故意不投中，使 3 名隊員有機會同時搶籃板球，搶籃板球時不要犯規。搶到籃板球的隊員向「另一側球籃」進攻，另外兩名隊員防守。搶到籃板球的隊員可以將球傳給教練員，然後設法擺脫對手，接教練員的回傳球。在教練員或投籃隊員 3 次投籃後，場上場下的隊員輪轉換人（包括投籃的隊員）。

此練習可以增加允許防守隊員犯規或者不防守等變化來改變練習的難易程度。

**要點提示：**

① 在球反彈的落點與預

想不同或搶不到有利位置的情況下，進攻隊員搶籃板球的欲望是成敗的關鍵因素。

②在此練習中，教練員要控制籃板球反彈的落點和搶籃板球隊員之間的對抗程度。只有發生非常嚴重的犯規時，為避免隊員爭搶的欲望受挫，教練員才鳴哨停止練習。

## 練習154　搶籃板球

**練習目的：**提高防守隊員搶籃板球前的擋人、傳球能力和培養隊員的攻擊性。

**練習方法：**如圖207所示，將全隊分成兩組，站成兩路縱隊。兩組中的第1名隊員分別站在罰球線的兩端，並面對兩名防守隊員。為練習攻防隊員搶籃板球，將球籃罩上球籃網。教練員或隊員分別站在球籃兩側接應。

練習開始，教練員投籃，每組第1名進攻隊員盡力搶籃板球，防守隊員要千方百計擋住進攻隊員，搶到籃板球，再將球傳給教練員進攻。進攻隊員站到自己的隊尾，防守隊員再防守下一名隊員。在全組隊員都進攻一次後，更換防守隊員。

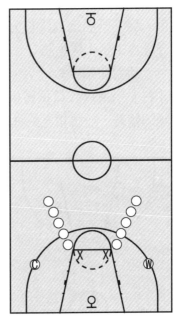

圖207

要點提示：

① 在練習中，教練員投籃的角度要有所變化，以使籃板球的落點不定。

② 在此練習過程中，允許攻守隊員之間的推、拽等動作。這會使攻守之間的對抗更接近比賽，同時也有利於培養隊員兇狠的拼搶意識。

### 練習 155　輪轉換位和搶籃板球

**練習目的：**在接近比賽條件下提高隊員搶籃板球的能力。

**練習方法：**在此練習中，需要 3 名進攻隊員和 3 名防守隊員。如圖 208、209 所示，1 名進攻隊員站在罰球區弧頂，另外兩名進攻隊員分別站在兩翼位置，面向球籃。防守隊員 1 對 1 鬆動防守。球籃蓋上球籃網。

練習開始，教練員「投籃」，同時大聲喊出「左」或「右」，進攻隊員搶籃板球，防守隊員要根據喊聲進行相應的輪轉，並將相應的進攻隊員擋在身後。

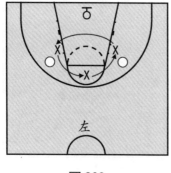

圖 208

圖 209

**要點提示：**

① 此練習重點訓練防守隊員搶籃板球時擋人的能力。

② 防守隊員在進攻隊員投籃時要大聲喊出「投了」，以此來提醒其他防守隊員擋人。

### 練習156 緊逼防守時搶籃板球

**練習目的**：提高防守隊員在運用全場緊逼防守戰術時搶籃板球的能力。

**練習方法**：如圖210所示，4名進攻隊員沿邊線一字排開，兩端隊員分別距離底線大約3公尺，後場第1名隊員持球。兩名防守隊員站在限制區弧頂，面向進攻隊員。

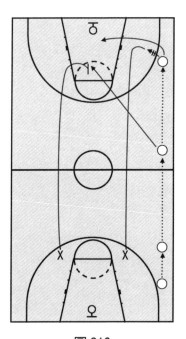

**圖210**

練習開始，進攻隊員依次傳球（不能運球），最後一名進攻隊員原地投籃。隨後，最後觸球的兩名進攻隊員衝搶籃板球。兩名防守隊員從進攻隊員傳球開始，快速退防，在最後一名進攻隊員投籃後，要迅速擋住進攻隊員並搶到籃板球。如果防守隊員搶到籃板球，本組練習結束，輪轉換人。如果兩名進攻隊員搶到籃板球，也要換人結束本組練習，但兩名防守隊員要繼續下一組的防守。

**要點提示：**

① 在練習時，防守隊員在進攻隊員傳球之前不能提前移動。

② 在此練習中，最後搶籃板球擋人時，防守隊員和進攻隊員要有直接的身體接觸。

# 第3部分 防守技術訓練

# 一、個人防守移動訓練

### 練習 157　滑　步

**練習目的：**學會有效地運用滑步技術。

**練習方法：**如圖 211 所示。隊員在籃下以防守姿勢站好，向前滑步至罰球線中點；向右滑步至邊線；向前滑步至中線；向左滑步至另一側邊線；向後滑步至罰球線延長線；向右滑步至罰球線；向後滑步至端線。

**要點提示：**

① 滑步時保持基本防守姿勢，舉手、避免出現交叉步；

② 向前、後滑步時，為了保持平衡，要求一隻手上舉，一隻手側舉；

③ 滑步時眼睛一直要看著某一點。

**圖 211**

## 練習 158　四種防守步法

**練習目的**：提高運用四種防守步法的能力。

### (1) 前滑步

**練習方法**：隊員在中線兩邊站位，攻防隊員分立在一邊，面對面站立。進攻者用兩腳輪流做中樞腳各 15 秒鐘，共 30 秒鐘，然後攻防隊員交換職責。

進攻者可將非中樞腳向前邁一大步，防守者用前腳對準進攻者的中樞腳，成兩腳開立姿勢向後退半步。當進攻者將前腳後撤成為接近平步站立的進攻姿勢（可用中場線來檢查），即一腳線上前另一腳線上後時，防守者恢復到原來的前腳對準進攻者中樞腳的防守腳步。進攻者進一步加大向前邁步的步幅，要使之達到接近插入步的程度。攻守雙方重複前述的練習。

**要點提示**：防守者採用前腳對準進攻者中樞腳的防守姿勢時，進攻者要用插入步，但步子比常規的插入步動作更要離中樞腳遠些。

### (2) 後滑步

**練習方法**：重複前滑步中的練習。
**要點提示**：防守者要用後滑步對付進攻者的插入步。

### (3) 後撤步

**練習方法**：同前滑步中的練習。
**要點提示**：當進攻者用後轉身的步法對付防守者的前

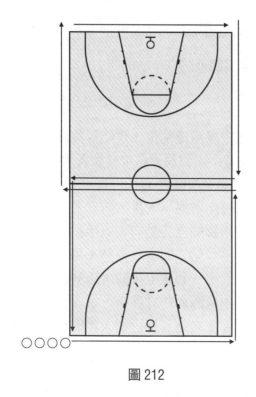

圖 212

腳對準其中樞腳的步法時，防守者按（1）、（2）所介紹的步法移動。

### (4) 側滑步

**練習方法：**隊員站位如圖 212 所示，沿圖中箭頭所示路線側向滑步移動，繞場一周，每滑一步就用手掌觸地一次。隨著練習次數的增多，隊員就可能在一次練習中承受繞場兩周的運動量。

**要點提示：**隊員練習時要始終面向場內，第一天向左側滑步，第二天向右側滑步。

### 練習 159　快速腳步練習

**練習目的：**培養正確的腳步習慣。

**練習方法：**如圖 213 所示，教練在運球前可做多種腳步假動作及投籃假動作。5 名防守保持正確的防守基本姿勢，迫使教練用左手和左腳向前運球。教練做腳步假動作時，防守撤後腿；教練做投籃假動作時，防守揮動手臂封

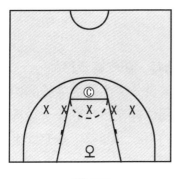

圖 213

圖 214

蓋。當教練運球時，防守必須對教練的運球及時移動搶位防守，不斷提高控制運球和封蓋投籃的腳步動作。

**要點提示：**這個簡單的腳步練習能有效地提高運動員的腳步動作技術。

### 練習 160　封斷接球

**練習目的：**提高封斷球技術及 1 防 1 能力。

**練習方法：**如圖 214 所示，進攻隊員①在邊翼落位，力爭擺脫 X1 的防守接球，而 X1 積極移動阻止①接球並封斷一切給①的傳球。教練 C 持 2 個球站在後衛位置上，當教練將球傳給①時，X1 必須打掉傳球並及時回位，保持正確的防守位置。場下隊員負責將打掉的球撿起回傳給教練。當聽到教練的信號後，①快速經籃下切至弱側的場角，X1 跟防並及時調整防守位置，保持人球兼顧，繼續阻止①接球。最後，①接球與 X1 進行 1 對 1 攻防。

**要點提示：**藉由積極的腳步移動，始終保持正確的防守位置。

## 練習 161　腳步組合練習

**練習目的：** 訓練跳步急停、轉身、防守腳步移動。

**練習方法：** 如圖 215 所示，隊員分成 5 組從端線開始練習。每組的第一名隊員運球至罰球線後跳步急停，後轉身面向端線；隨後將球傳給端線的下一名隊員，並立即上前防守持球隊員，迫使其向左側運球。

持球隊員向罰球線方向運球前必須做各種腳步及投籃的假動作，防守隊員在防守運球隊員 2 次運球後回到端線。以此方法連續練習。

**要點提示：** 急停、轉身、防守腳步要做到位。此練習能有效提高隊員的防守腳步移動技術。

## 練習 162　反應及快速移動防守練習

**練習目的：** 提高運動員快速反應、腳步移動及個人防守能力。

**練習方法：** 如圖 216 所示，教練持球站在籃下，防守也在籃下靠近教練站立，進攻隊員分別站在兩側 3 分線外一步的位置。

練習開始，教練將球傳給場地兩側 3 分線外的任一進攻隊員，防守隊員必須對傳球做出快速反應並立即起動，快速移動防守接球隊員。

既要防守其 3 分遠投，又要防止其向中區的運球突破，還要力爭搶獲籃板球。

**要點提示：** 根據運動員的防守技術情況，可調整進攻隊員離籃的距離，以增加或減低防守難度，達到不同的訓

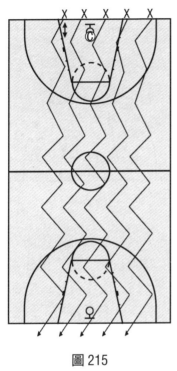

圖 215

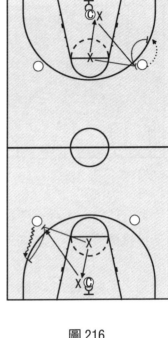

圖 216

練效果。

## 練習 163　防守移動及搶位練習

**練習目的：**提高全隊防守基本移動技術和防守站位技巧。

**練習方法：**如圖 217 所示，5 對 5 攻防。防守在四分之一的場區內防守，要求防守隊員的雙手背在身後，30 秒鐘後，防守隊員可用

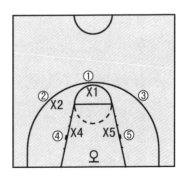

圖 217

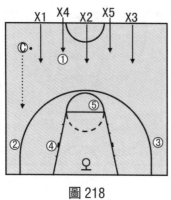

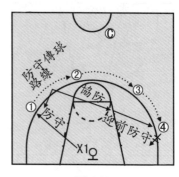

圖 218　　　　　　　　圖 219

手進行防守，力爭不讓進攻方得分。當進攻方失誤或防守方搶獲籃板球時，防守方由守轉攻發動快攻並要求得分；進攻方仍留在半場準備再次進攻圖 218。快攻得分後立即跑回半場繼續防守（防守要求同前）；一名教練持球站在中場，他可隨時將球傳給進攻方進攻圖 219。

　　以上練習重複進行 3～5 次。如果進攻方在前 30 秒鐘內上籃得分或其後的時間內投籃得分，則一次進攻結束，重新開始下一次攻防。

　　防守目標：防守方應連續防守成功 3～5 次。

　　要點提示：防守隊員要牢記防守的基本要求：取位原則、搶過掩護、堵前防守等。

### 練習 164　六點防守

　　練習目的：由練習後撤步、滑步和急停技術，提高隊員的防守能力。

　　練習方法：如圖 220 所示，將全隊分成兩組，成縱隊在中線兩側平行站立，面向中圈。

練習開始，兩組的第 1 名
隊員隔中線面對面站立，假想
面前有進攻隊員在進攻，同時
開始做防守練習，方向相反。
練習隊員首先後撤至 3 分線弧
頂處，然後向左側滑步至邊線
附近急停，做緊逼防守，然後
轉身滑步至底位策應區，再變
向滑步至限制區的另一側，然
後滑步到邊線附近做緊逼防
守，最後回到隊尾。

**要點提示：**

① 每一個防守動作，都
要嚴格參照正確的防守技術要
求：腳步移動迅速、手臂位置
正確；低重心，時刻準備斷球。

② 此練習的重點在於提高防守隊員各種防守姿勢的轉
換能力。防守姿勢轉換如何對
防守效果至關重要。

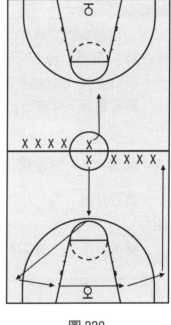

圖 220

### 練習 165　滑步防守

**練習目的：**訓練後撤步、
滑步或橫移步等防守步法。

**練習方法：**如圖 221 所示
在兩翼位置上進行防守練習。
防守者 X1 為防止對手得到球

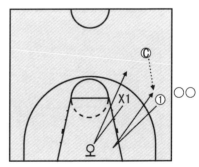

圖 221

而偏向球一側錯位站立,並做側滑步。①用 V 形切擺脫 X1,接球後應做前轉身或後轉身,以成為三威脅姿勢,然後把球回傳給教練員。教練員允許①接球後做一次搖曳步,以迫使 X1 做後撤步、前滑步或橫移步。

**要點提示:** 強調腳步移動迅速、防守步法正確、低重心。

### 練習 166　帶協防的快速移動防守練習

**練習目的:** 提高在同伴協助下的長距離快速移動防守能力。

**練習方法:** 如圖 222 所示,教練 C 持球站在半場一側 3 分線外 1 步的位置,X1 防守教練 C,並用一隻手頂住教練的臀部;①站在圈項 3 分線外 1 步的位置;X2 防守①,站在協防的位置上;②站在另一側 3 分線外 1 步的位置上。

練習開始,教練將球傳給①,X1 快速向②移動。X2 要延緩①傳球給②,為 X1 的移動爭取時間。當②接到球,X1 立即對其進行緊逼防守,封其投籃或向中區突破,X2 同時向側後移動,封堵②傳球給①。當形成 2 對 2 時,教練離開場地。

圖 222

**要點提示：**快速移動迎前防守技術難度較大，但在防守時運用較多，是個人防守能力的重要技能。快速移動迎前防守技術的改進不僅能提高防守隊員的協防意識，而且能有效地提高全隊集體防守能力。

### 練習 167　全速跑與滑步

**練習目的：**提高隊員防守時的腳步技術和身體素質。

**練習方法：**此練習每次只需要 1 名球員。如圖 223 所示，練習隊員假想自己是 1 名防守隊員，站在球場的一底角，面向球場的斜對角。

練習開始，練習隊員全速跑至對角，再沿底線快速滑步至另一底角，然後再沿斜線全速跑至另一底角，最後再沿底線快速滑步至初始位置。

**要點提示：**

① 如果利用半場練習，重點強調隊員腳步移動要正確。如果利用全場練習，要重點強調保持隊員正確的防守姿勢。

② 此練習可以延長距離和時間作為素質訓練。在練習過程中，特別要注意練習隊員在疲勞的情況下仍需保持正確的身體姿勢。

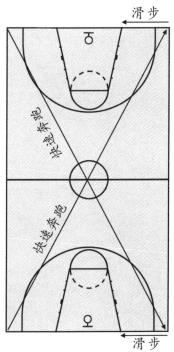

圖 223

# 二、防守有球隊員訓練

### 練習 168　錯位防守

**練習目的**：提高隊員防守運球的技術。

**練習方法**：隊員站位如圖 224 所示，進攻隊員往返全場，攻防隊員定時交換職責。進攻隊員必須在規定的範圍內運球，運球技術最好的隊員在中間的通道範圍內運球，防守者必須迫使對方改變運球方向 3 次。運球者可用 4 種方法運球，教練員也可指定只准用一兩種特定的方法運球，如只准用體前變向或運球後轉身方法等。

可令運球者以較慢速度運球開始，待拍了幾下球後，可突破防守者。運球結束時應用雙手持住球，當防守者見到這種情況時就應上前緊逼他。

**要點提示**：防兩翼隊員接球。

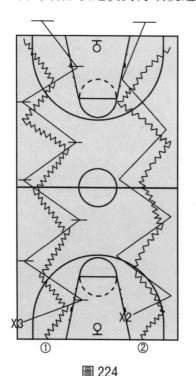

圖 224

### 練習 169　限制區滑步

**練習目的**：提高隊員防守腳步及變向移動的能力。

**練習方法**：攻防兩名隊員

1組。如圖225所示，練習從低位策應區開始，攻防隊員P1、P2面對面站立。此練習利用限制區的各個邊線，進攻隊員P1設法運球到達罰球線，防守隊員P2利用滑步將P1逼向限制區的「邊線」，直到進攻隊員運球通過罰球線時練習結束。

圖225

**要點提示：**

① 進攻隊員要利用腳步的快速移動和突然變向甩開防守隊員。

② 防守隊員被進攻隊員突破時，要設法利用變向重新搶回正確的防守位置。

## 練習170 「影子」移動防守

**練習目的：**提高隊員的快速反應能力和腳步移動的頻率。

**練習方法：**如圖226所示，由身高和速度較接近的兩名練習隊員為一組，1名進攻隊員，1名防守隊員，面對面站立。在邊線和限制區之間的

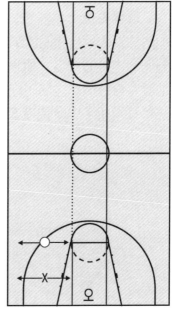

圖226

區域內，多組練習隊員可以依次進行練習。進攻隊員以運球盡全力突破防守隊員，防守隊員合理地運用腳步移動進行防守，不允許手拉或阻擋。

**要點提示：**

① 進攻隊員要大膽地運用各種運球技術，盡可能地調動和突破防守隊員。

② 防守隊員要注意合理地運用腳步的移動進行防守，嚴禁用手臂「接觸」進攻隊員。

### 練習 171　防守快速移動

**練習目的：**提高隊員防守「內策應移動」、防守高吊球及防守快速移動的能力。

**練習方法：**如圖 227 所示，外線兩名隊員①持球，不加防守；⑤搶佔強側的策應位置。①傳球給②後，X5 變為弱側的內線防守者，原地縮後一步，隨著球的移動而相應地調整自己與球之間防守位置。⑤此時可擠靠 X5，等著球被轉移至①手中，或者⑤也可準備從②處接高吊球，但主要還是向一側移動，準備接球，隨後做動作，奔向籃下。

X5 必須切斷通向②的最近路線，並防止他接到球，這樣⑤就向另側籃下移動，與 X5 搶佔內策應的有利位置。當②把球回傳給①時，攻方就可順理成章地從另側發動同樣的進攻。

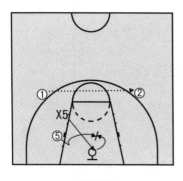

圖 227

如果⑤從靠近罰球線一側切向②時，X5 阻止他向籃下移動。假若⑤從靠近端線一側切向②，則 X5 在⑤與球之間的一側防守，X5 必須讓⑤比自己離球更遠些。當⑤移向球時，X5 用身體接觸來察覺⑤的位置。

為了做好身體接觸，X5 只要站在⑤身後就可以了。如果⑤繼續前進，則 X5 可造成他撞人犯規。

**要點提示**：防守要隨著球的移動而相應地調整自己與球之間防守位置。

### 練習 172　個人防守技術練習

**練習目的**：提高防守腳步移動、選位及防守運球等基本技術。

**練習方法**：如圖 228 所示，防守隊員 X1 保持防守基本姿勢站在籃下，當教練喊「防守」時，X1 以快速的腳步上前防守持球隊員①，迫使①只能沿底線運球；①傳球給圈頂的②時，X1 迅速向球移動並伸出一隻手在傳球路線上防守傳球；②傳球給③時，X1 移動到中間協防位置防守；最

圖 228

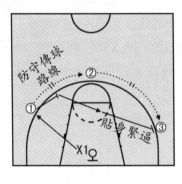

圖 229

後球傳給站在場角的教練,教練接球後喊:「投籃」,X1 迎前防守並伸手封堵投籃,然後轉身擋人搶籃板球。

如圖 229 所示,當進攻隊員運球進攻時,防守隊員緊逼防守運球隊員。前 2 次傳球同(圖 228),不同的是當③接第 2 次傳球並運球時,X1 必須從協防位置快速移動到③前緊逼防守③的運球進攻。

**要點提示:**

① 積極防守進攻隊員,封堵傳球路線,迎前防守投籃時合理運用腳步動作;

② 練習時教練提醒防守隊員:

A. 防守邊翼的前鋒;

B. 球在圈頂,向球移動面向球;

C. 球在對側的邊翼,注意協防;

D. 迎前防守投籃或緊逼運球隊員。

### 練習 173　滑步防守練習

**練習目的:**提高防守隊員滑步防守、上肢技術和防進攻隊員運球的能力。

**練習方法:**如圖 230 所示,4 對攻防隊員等距離沿底線站立。每組練習隊員的「場地」寬度假想為 3 公尺。進攻隊員在此區域內曲線運球。防守隊員運用良好的防守姿勢、快速的滑步、正確的手臂動作阻止進攻隊員的前進,

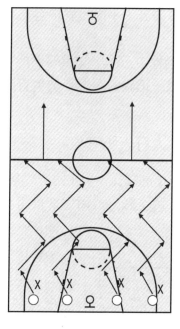

圖 230

迫使其變向。每一組攻防隊員到另一側底線返回。重複此
練習時，攻守隊員互換。

在練習的開始階段，主要應側重於防守隊員正確的防
守姿勢和快速的腳步移動，而不是急於強調防守隊員的搶
斷球技術。

**要點提示：**

① 防守隊員要注意運用快速的腳步移動領先進攻隊
員，並要切斷其進攻路線，迫使其到防守隊員最希望的位
置。

② 防守隊員的移動務必迅速，並保持身體平衡。如果

防守隊員的身體失去了平衡，就很容易造成進攻隊員的突破。

③ 在練習過程中，防守隊員要保持手臂姿勢正確，並時刻注意搶斷球。正確的手臂姿勢也有助於防守隊員的腳步移動。

### 練習 174　人盯人防守

**練習目的：**提高隊員 1 對 1 防守的基本技術。

**練習方法：**將全隊分成兩個進攻組和兩個防守組。如圖 231 所示，兩個進攻組站在中線附近，分別面向各自球籃。兩個防守組分別站在底線外，面向場內，每組的第 1 名隊員進入場內防守。每組的第 1 名進攻隊員向籃下運球突破進攻，防守隊員盡全力防守。每對攻防隊員完成一組練習後攻守轉換。

**要點提示：**防守隊員注意腳步的移動，嚴密防守進攻隊員的固定進攻點，並努力將進攻隊員控制在限制區外。

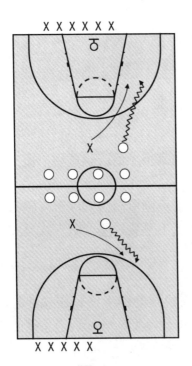

圖 231

## 練習 175　夾　擊

**練習目的**：提高防守隊員夾擊防守的能力和對進攻隊員傳球的預見能力。

**練習方法**：如圖 232 所示，進攻隊員①持球站在罰球區弧頂，進攻隊員②和③分別站在限制區兩側的低位策應區，距離限制區大約 1.5 公尺處。在此練習中，進攻隊員不移動。兩名防守隊員 X1 和 X2 站在罰球線上，另一名防守隊員 X3 站在籃下限制區中央。

練習開始，弧頂進攻隊員①傳球給隊員②或③，距離隊員②或③最近的兩名防守隊員要立刻上前進行夾擊，另一名防守隊員要搶斷、破壞進攻隊員向另外兩名進攻隊員的傳球。直到防守隊員搶斷或者破壞進攻方 3 次傳球後，再換上 6 名隊員重複上述練習。

**要點提示**：

① 防守隊員要利用腳步移動和正確的防守姿勢進行防守，避免用手接觸進攻隊員。

② 對進攻隊員傳球的預見能力將決定防守隊員的搶斷和破壞對方傳球的效果。

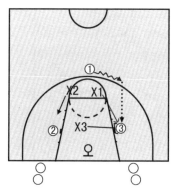

**圖 232**

第３部分　防守技術訓練

## 練習 176　1 對 1 全場防守

　　**練習目的**：提高隊員在全場範圍內緊逼、壓迫、控制進攻隊員的能力。

　　**練習方法**：本練習全面訓練個人全場緊逼防守技術。如圖 233 所示，練習時隊員按技術水準 2 人一組配對，即速度最快的 2 名隊員分為一組，其餘隊以此類推分組；練習一定時間後調整分組，即讓更快的進攻隊員與防守隊員分為一組。但是攻防的後衛隊員最好分為一組，因為在緊逼防守時他們往往互為攻守。將場地如圖 234 所示劃分

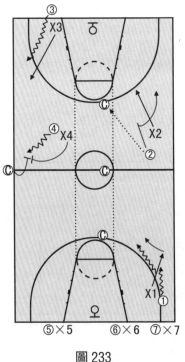

圖 233　　　　　　　　圖 234

為兩部分，進攻隊員只能在限制範圍內運球，教練在界線上固定點協防。

練習時要強調緊逼、壓迫、控制的防守原則。當進攻隊員將球推進至前場時，可將球傳給圈頂的教練進行策應，所以，這個練習還能提高隊員防守策應的能力。這個1對1練習要求隊員全力以赴，以極大的訓練熱情保證練習的高強度。

**要點提示：**

① 防守腳步要短促，並不停變換方向；

② 防守時抬頭，始終處於進攻隊員前方；

③ 迫使運球隊員換手運球；

④ 伸手防止進攻隊員傳球。

### 練習 177　轉身與觀察

**練習目的：**提高進攻隊員的轉身和觀察能力。

**練習方法：**如圖235所示進攻陣形，攻防隊員各5名，1對1落位（防守隊員在內側），背對球籃，進攻隊員各手持一球。教練員叫到哪位防守隊員的名字，哪位防守隊員就用手觸及進攻隊員，進攻隊員迅速轉身面對防守隊員，進行1對1的攻防練習，直到進

**圖 235**

攻隊員投中或防守隊員獲得球權為止。

要點提示：

① 此練習的重點是培養進攻隊員根據防守隊員的防守特點，選擇最恰當的移動路線進攻的能力。

② 正確判斷防守隊員身體平衡情況和腳步的位置，是進攻隊員成功的關鍵。

### 練習 178　8 秒鐘防守運球練習

**練習目的：**提高防守運球隊員的能力。

**練習方法：**如圖 236 所示，練習在 4 分之 1 場地範圍內進行，全場可同時進行 8 名隊員練習。進攻隊員從端線外開始，防守隊員在端線內持球。防守隊員將球傳給進攻隊員，進攻隊員必須在 8 秒內將球運過半場。防守隊員緊逼防守運球，迫使運球隊員失誤，至少不讓其在 8 秒鐘內運球過半場，造成進攻 8 秒違例。

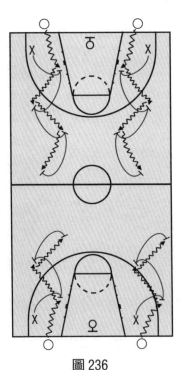

圖 236

要點提示：

① 練習時將全隊隊員按技術水準分成 2 人一組，並要求運動員練習時集中注意力。

② 練習時要強調緊逼、壓迫、控制的防守原則。

## 練習 179　退　防

**練習目的：**提高防守隊員的退防能力。

**練習方法：**如圖 237 所示，將全隊分成 3 組，排成縱隊站在底線後，面向場內。每組的第 1 名隊員（X1、X2、X3）分別站在罰球線及其延長線位置進行防守。

練習開始，教練員站在罰球線上，將球傳給任一組的第 2 名隊員，接球隊員和另外兩組的第 2 名隊員形成 3 人快攻。不論教練員傳球給哪名隊員，都要由中間隊員發動快攻。在練習中，不論教練員傳球給哪組，其前面的防守隊員在後退防守之前，必須先移動到底線，用手觸底線，另外兩名防守隊員可以直接退防，這樣可以形成暫時的 3 對 2 快攻。教練員可以到另一側半場，利用這些進攻隊員和防守隊員重複上述練習。

**要點提示：**

① 在練習中，進攻隊員藉由快速移動創造戰機，在機會出現時要果斷投籃。防守隊員在以少防多時，要千方百計「拖住」進攻隊員的快攻，等待「援兵」。

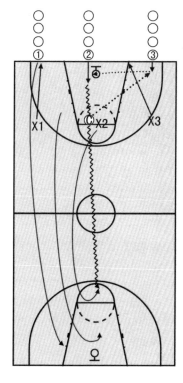

圖 237

② 第 3 名防守隊員一定要堅信他的「特殊努力」對練習的結果具有非常重要的意義。

### 練習 180　定點防守練習 1

**練習目的**：提高 1 防 1 個人防守能力。

**練習方法**：如圖 238 所示，進攻隊員站在離 3 分線 1 步距離以外，防守隊員持球站在 3 分線上。防守隊員將球傳給進攻隊員後，立即防守其 3 分投籃；進攻隊員可突破，或利用假動作誘使防守隊員偏離正確位置向中間運球進攻。為了控制進攻隊員並阻止其向中間運球，防守隊員必須用後腳做假動作。防守隊員要積極封蓋進攻隊員的投籃，拼搶籃板球。每名隊員在 5 個定點位置都要練習。

**要點提示**：防守弱側隊員的接球進攻是十分困難的，但如果不提高防守弱側的接球進攻能力，那麼全隊防守就可能因為進攻方簡單的轉移球而被瓦解。為了控制弱側的接球隊員，防守隊員必須隨球的轉移快速移動，在離接球者 3 步之內時減速，調整防守位置和角度，阻止接球隊員突破運球至中區。防守弱側的接球隊員既要防其投籃，又要防守突破，還要控制不讓其運球進入中

**圖 238**

區，並需要全隊隊員的協同防守。

### 練習 181　定點防守練習 2

**練習目的：**提高 1 防 1 個人防守能力。

**練習方法：**如圖 239 所示，此練習方法基本同上一練習，進攻隊員站在離 3 分線 1 步距離以外的位置，但防守隊員站在限制線上，由防守隊員將球傳給進攻隊員開始。防守隊員必須防守進攻隊員的 3 分投籃和向中區的運球突破。如進攻隊員投籃，防守隊員要積極封蓋、搶位擋人並拼搶籃板球。每個防守隊員在 5 個位置上都要練習。

**要點提示：**同上一練習。

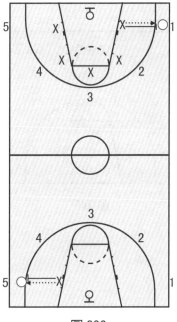

圖 239

### 練習 182　夾擊練習

**練習目的**：訓練強弱側的夾擊技術。

**練習方法**：如圖 240 所示，①②互傳，直至將球傳入內策應隊員為止。如想讓後衛也打策應，則他們應在傳球後去內策應位置做掩護。當球傳至內線時，X2 夾擊⑤，這是由弱側防守者協防夾擊。若是想用強側夾擊時，則 X1 應成為夾擊者。X1 可處在①和②之間的位置上防守，⑤必須在 X2 到來之前做動作或將球回傳給①和②。若⑤的球傳給了②，④應用弱側擠靠策略；如果球傳給了④，X1 就變成來自弱側的夾擊者。

**要點提示**：積極移動，果斷協防夾擊。

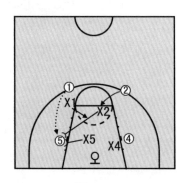

圖 240

# 三、防守無球隊員訓練

## 練習 183　防傳球

**練習目的：** 提高隊員防外線向內線隊員傳球的能力。

**練習方法：** 此練習需要兩名進攻隊員和 1 名防守隊員。如圖 241 所示，1 名進攻隊員持球站在罰球區弧頂附近，另一名進攻前鋒隊員站在外線 45 度位置。防守隊員的主要任務是斷球和防守前鋒隊員。

練習開始，前鋒隊員可以在限制區、邊線、底線和罰球線的延長線所圍成的區域內任意移動，為進攻後衛創造良好的傳球機會。防守隊員要迅速移動，伺機斷球。每組練習持續 30 秒後更換攻、防隊員。

**要點提示：**

① 在整個練習中隊員要始終保持正確的防守姿勢。進攻隊員移動一步，防守隊員必須做到移動兩步，只有這樣才能確保其不失去防守位置。

② 在練習中，防守隊員要始終保持一隻手在進攻隊員的傳球路線上，這可以彌補因腳步移動慢或偶爾失去控制而造成的防守失敗。

③ 防守隊員必須與進攻隊員保持一定的距離，只有這樣才能更有利於搶斷球。

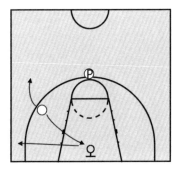

圖 241

## 練習 184　個人防守技術練習

**練習目的：**提高防守無隊員的基本技術：搶斷、協防、回位。

**練習方法：**1 名教練 4 名隊員。

方法 1：如圖 242 所示，教練持球站在圈頂，防守隊員 X1 既要搶斷傳球又要防止①的反跑。①做 V 形切入擺脫接球，X1 反覆練習搶斷與防反跑 3～5 次，要求 X1 保持低重心、伸手臂封斷球、腳步搶前一步防守。

方法 2：如圖 243 所示，教練傳球給對側邊翼的②，防守 X1 必須向球移動到協防位置，一隻腳站在中軸線上，人球兼顧；②接球後停留約 2 秒鐘。

方法 3：如圖 244 所示，②傳球給場角的③，③接球立即沿底線突破，X1 必須後撤並將一隻腳踩在端線上以便協防；③繼續運球突破直到被封堵，但不要投籃。

方法 4：如圖 245 所示，③傳球給教練或①（最好是將球傳給教練，教練傳給①），防守 X1 向上移動防守①；當

斷球（1 次傳球）

圖 242

協防（2 次傳球）

圖 243

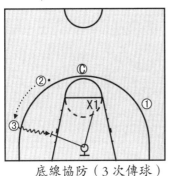

底線協防（3 次傳球）

圖 244

迎前防守／緊逼防守

圖 245

①運球突破時，X1 防守要堵中逼邊，迫使①向底線運球；①投籃後 X1 搶位擋人爭搶籃板球。

**要點提示：**隨著球的轉移及時調整防守位，反覆練習防守無隊員的基本技術：搶斷、協防、回位。

## 練習 185　防守者前腳對準進攻者中樞腳的防守

**練習目的：**訓練防守腳步的正確性與靈活性。

**練習方法：**隊員站位如圖 246 所示，教練員要處於容易觀察到隊員完成腳步移動情況的位置上。隊員輪轉換位的順序為攻者→防者→隊尾。①切向罰球線，按教練員的要求確定某一隻腳為中樞腳，X1 將球滾給①。X1 防守時必須採

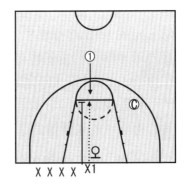

圖 246

圖 247

用錯位防守。①用插入步、插入步後的體前交叉步、後轉身等動作。在這個過程中，教練員要檢查 X1 的防守腳步動作是否正確。

**要點提示**：重複練習，直到腳步動作做得正確為止。

### 練習 186　防兩翼隊員接球

**練習目的**：提高防守外線進攻隊員的接球能力。

**練習方法**：隊員站位如圖 247 所示，輪轉換位的順序為①→③→X3→隊尾。③做 V 形切，X3 防止③接到球。如果 X3 給③提供了方便的話，③也可以做背切。若③接得球，則可利用前轉身或後轉身成三威脅姿勢，然後把球傳給①。隊員之間交換職責。

**要點提示**：防守隊員積極移動，嚴密防守外線進攻隊員的接球，並果斷搶斷球。

### 練習 187　中鋒的防守

**練習目的**：提高中鋒隊員的防守技術。

練習方法：如圖 248 所示，進攻隊員①和防守隊員 X1
站在罰球圈外，①持球。教練員站在同側外線 45 度位置
上。

練習開始，①將球傳給教練員，然後向限制區內切
入，並盡力創造機會接教練員的回傳球。如果沒有接到教
練員的傳球，為獲得接球機會，①可以在限制區內連續穿
插擺脫 X1，X1 盡全力防守①的擺脫。可在弱側增加防守
隊員參與協防使此練習增加一些變化。

**要點提示：**

① 防守隊員要果斷決定何時繞前防守、何時在有球一
側防守或整個防守過程都在有球一側。

**圖 248**

② 防守隊員要始終保持正確的防守姿勢。

### 練習 188　輪轉換位防守練習

**練習目的**：練習正確輪轉換位技術，掌握弱側進攻者如何對付對方的輪轉換位。

**練習方法**：如圖 249 所示，①②互相傳球直至尋得機會將球傳給④或⑤為止，或者可讓①②也做策應隊員，這樣①和②可在傳球後跑至內策應位置上做掩護。

①②④⑤都應會打策應位置。⑤得球後從靠近端線一側利用後撤步奔向籃下。當⑤開始向籃下攻擊時，或是 X4 發現⑤有可能衝向籃下時，X4 就喊「輪轉」，這就使得弱側的 X2 後撤去協防籃下區域。④應向籃下靠，準備接⑤傳來的球。為了給防守增加壓力，②向罰球線壓進。

**要點提示**：輪轉換位時配合要默契。

### 練習 189　大範圍移動防守練習

**練習目的**：提高大範圍移動防守的能力。

**練習方法**：如圖 250 所示，進攻隊員①、②、③在半場範圍內分散落位，以擴大防守的範圍，提高防守難度。進攻隊員可充分利用掩護、傳切、突分、反跑等配合進攻，但要求進攻方投籃前必須進行一定次數的傳球，除非有直接接球上籃的機會，以訓練防守隊員大範圍的移動選位、封斷球、迎前防守等防守技能，防守隊員 X1、X2、X3 必須積極移動，相互配合、主動協防，積極搶斷，力爭轉守為攻。練習一定次數後失敗的一方要被罰跑圈。

**要點提示**：強調積極移動、主動協防、果斷搶斷。

圖 249

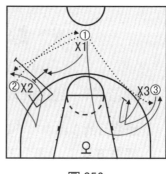

圖 250

## 練習190　2防3練習

**練習目的：**提高快速移動迎前緊逼、協防、輪轉防守的能力。

**練習方法：**如圖251所示，3名進攻隊員在外圍轉移球，當球在轉移時，X1和X2必須相互交流，協同配合，積極移動取位。當教練說「開始」時，3名進攻隊員開始攻擊並力爭得分。X1和X2要積極移動搶斷球，封蓋投籃，迫使進攻隊員多傳球，甚至可以犯規。如果防守成功，則罰進攻方衝刺跑。

**要點提示：**這個練習能有效提高防守隊員的協防能力和防守信心。

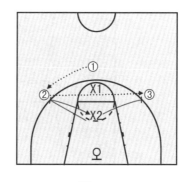

圖 251

# 四、綜合防守訓練

## 練習 191　封堵快攻接應及追防

**練習目的：** 提高高大隊員封堵接應一傳及追防的能力。

**練習方法：** 如圖 252 所示，此練習為全場 4 對 4，主要針對高大隊員。練習由教練投籃開始，X4 和 X5 擋人爭搶籃板球（投籃不中）或搶發端線球（中籃），封堵接應一傳的②必須追防 X2，並力爭搶斷球反守為攻。進攻方快

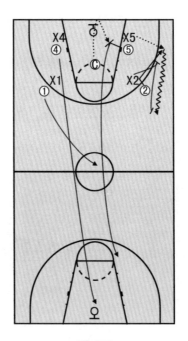

圖 252

攻時注意跑動路線、位置，儘量拉開成縱深隊形，給防守製造更大範圍的防守區域，增加防守難度。

**要點提示：**強調攻守轉換的意識和速度，積極封堵一傳並追防。

### 練習 192　半場 2 對 2 攻防投籃

**練習目的：**提高防守進攻方往內線的傳球及防守內線接球投籃能力。

**練習方法：**如圖 253 所示，進攻隊員①持球站中線後，X1 防守①；⑤站在低策應位置，X5 防守⑤；教練 C

圖 253

持球站在罰球線左側。①運球至右側罰球線延長線處準備傳球給中鋒⑤，X1積極封堵①給⑤的傳球；⑤接到①的傳球後對抗X5的防守進攻籃下。①傳球後或向底線移動或向圈頂移動接教練C的傳球投籃，X1封蓋①的投籃。

要點提示：防守隊員要積極移動搶位，封堵往內線的傳球，並力爭封蓋內線隊員的投籃。

### 練習 193　8 點練習

練習目的：提高全面的防守技術和綜合防守能力。

練習方法：隊員站位如圖254所示，輪轉換位的順序為①→X1→隊尾。這是一個總共8個部分的練習，強側4個，弱側4個。可以在一天內練習8個，或每天只練4個。隊員①將球傳給教練員，X1必須去迎球防守（第一部分），這就使①有機會背切，隨後停在內線做策應。X1作為防策應隊員（第二部分）。如果教練員能將球傳給①，則①和X1進行一打一。①也可移至外圍，X1不使其得球（第三部分）。如有可能，則①可背切。不管在什麼地方，只要①得到球，就要轉身面向球籃成三威脅姿勢與對手進行一打一（第四部分）。

以上就是強側的四個部分練習。

在強側練習完後，或練習結束前在策應位置進行一打一時，①不向強側場角移出，而是切向弱側，如圖255所示的位置上，這就開始了弱側的4個部分練習。

①可按圖254所示距邊線1公尺處上下移動，以牽制住X1，X1也必須以搶斷球的姿勢進行防守（第二部分）。X1必須距①1／3的距離，而距教練員2／3的距

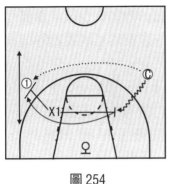

圖 254

圖 255

離。教練員將球傳給①，X1 必須斷得球並回傳給教練員。教練員可從底線一側突破，也可從罰球線一側突破，X1 必須阻截突破者（第二部分）。教練員傳高吊球給①，X1 必須及時到達①面前防住①（第三部分）。①面向球籃成三威脅姿勢，與對手一打一，然後把球回傳教練員，做 L 形切入，X1 必須做出防 L 形切的姿勢（第四部分）。如有可能，①可背切，得球後與 X1 一打一。

**要點提示：**每部分的練習各有練習的側重點，應按質按量完成各部分的防守要求。

### 練習 194　4 對 4 攻防

**練習目的：**提高輪轉換位防守突破的技術和補防、協防能力。

**練習方法：**攻防雙方各 4 名隊員，站位陣勢不限，可 2-2、1-3、1-2-1 等，但每次練習都要交換，也可專門按照下一場比賽對手可能採用的陣勢去演練自己的對策。練習 2 分鐘後可讓①②和 X1、X2 去擔任③④與 X3、X4 的角

色，這樣可使隊員既練了後衛位置的攻防，也練了兩翼及場角位置的攻防。5分鐘後或守方連續兩次阻截攻方則攻防隊員交換職責。

如圖 255 所示，攻方從靠近邊線一側突破，而圖 256 則表示了典型的向中區突破。對付這兩種突破都可採用同一的防守原則：處於弱側籃下的防守者 X4 喊「輪轉」，並隨即迎前防守向籃下的突破者。此時，弱側的防外圍的防守者 X2 立即後撤防守籃下區域，原來防突破者的防守者去防外圍的區域。

在圖 255 中，X3 本來是防③而不應使③接得球的防守者。而在圖 256 中，X2 應當是用「關門」的策略阻止①突破的，不管是圖 255 中的 X3 或圖 256 中的 X2，在防守上都有漏洞，這才使對方突入了。

這本來是不該發生的，但是由於防守者沒有控制住對手，所以，終於使對手突破成功。

**要點提示：**在比賽中有時會出現一連串的錯誤，或是來源於對手出色的假動作，或是由於防守者的精神不夠集中。為此，才有了輪轉換位的防守方法，它給予防守者一次最後的機會去阻止對方的突破，彌補已產生的過失。

## 練習 195　防守後衛、前鋒的協防與追防

**練習目的：**提高防守後衛、前鋒的協同防守和追防能力。

**練習方法：**此練習需要兩名進攻隊員和兩名防守隊員。如圖 257 所示，1 名進攻隊員（後衛）站在罰球圈弧頂的右側附近，另一名進攻隊員（前鋒）持球站在外線 0

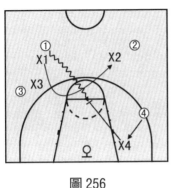

圖 256

圖 257

度角附近。兩名防守隊員 1 對 1 防守。

　　練習開始，進攻後衛為前鋒隊員做掩護，前鋒隊員借隊友的掩護運球向籃下突破。防守進攻後衛的隊員要阻止進攻隊員運球向籃下突破，被掩護的防守者一旦不能搶過，則積極追防。

　　在防守隊員的協防和追防完成後，攻防隊員各回原位，練習重新開始。

　　**要點提示：**

　　① 在掩護練習中，原防守後衛要阻止進攻前鋒運球向籃下突破，並且要「拖延」足夠的時間使同伴追防，同時還要注意掩護隊員（進攻後衛）的轉身。

　　② 被掩護的防守隊員要力爭擠過、穿過、繞過，使進攻掩護「破產」，否則一旦對方掩護成功，就只能儘快追防了。

## 練習 196　滑步防守

　　**練習目的：**提高防守隊員之間的協同防守能力。

圖 258

圖 259

**練習方法：**此練習需要兩名進攻隊員和兩名防守隊員。如圖 258、259 所示，兩名進攻隊員站在罰球圈外，可由任意 1 名隊員持球。兩名防守隊員對應防守。防守持球隊員要貼身，防守無球隊員要處在協防位置。當進攻隊員傳球給另一名進攻隊員時，兩名防守隊員要迅速運用滑步調整自己的防守位置，1 名防守隊員上前貼身防守，另一名防守隊員移動到協防位置。在傳球滑步練習達到要求後，進攻隊員可以加上運球，再繼續上述練習。

**要點提示：**

① 原防持球的隊員滑步到協防位置、原協防的隊員上前貼身防守移動都要迅速。

② 要提高全隊的防守水準，練習時要強調防守隊員的上前貼身防守和協防移動要協調一致。

## 練習 197　搶斷球

**練習目的：**提高防守隊員對進攻隊員傳球的預見和搶斷能力。

**練習方法**：此練習需要 3 名進攻隊員和 3 名防守隊員。如圖 260 所示，進攻隊員①、②、③三角形落位。其中，隊員①站在底角；隊員③站在限制區內靠近低位策應區的位置；隊員②站在同側後衛位置。隊員②和③不能移動接球。其餘的隊員排成一列縱隊站在場外底角處。3 名防守隊員（X1、X2、X3）中的兩名（X1、X2）首先站在「夾擊」底角進攻隊員①的位置，X3 防守另外兩名進攻隊員②和③。

　　練習開始，教練員將球傳給底角處的進攻隊員①（教練員規定底角進攻隊員①是否可以運球）。兩名防守隊員 X1 和 X2 對底角進攻隊員①進行夾擊，防守隊員 X3 設法搶斷或破壞進攻隊員①向外的傳球。教練員可對底角進攻隊員①向外傳球的方式加以限制，如限制擊地傳球和直傳球等等。

　　**要點提示**：

　　① 防守隊員 X3 對進攻隊員①的傳球要有預見性，並時刻保持正確的防守姿勢進行搶斷或破壞傳球。

　　② 在夾擊防守時，防守隊員要充分利用手臂封堵進攻隊員的傳球路線，要始終對進攻隊員施加壓力。

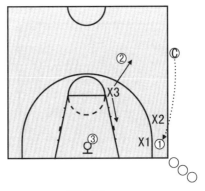

圖 260

## 練習 198　正確的搶位

**練習目的：**提高隊員對強側的防守能力。

**練習方法：**此練習需要 3 名進攻隊員和 3 名防守隊員。如圖 261 所示，3 名進攻隊員①、②和③站在同側，隊員②站在外線底角，隊員③站在低位策應區，隊員①站在後衛位置。3 名防守隊員 X1、X2 和 X3 人盯人防守。後衛進攻隊員①持球，但其在練習中不能運球或傳高吊球。

練習開始，無球進攻隊員可以在半場內任意移動，以此來擺脫防守隊員並獲得後衛進攻隊員的傳球。防守隊員要根據球的位置，合理地運用防守動作進行斷球或破壞進攻隊員的傳球。如果球傳給底角處的隊員②，防守隊員 X2 立即遠離底線，隊員 X3 則輪轉到底線一側防守，隊員 X1 快速移動到低位策應區協助隊員 X2 和 X3 的防守，迫使進攻方將球回傳至外線。

**要點提示：**在這個練習中，首先要防守外線進攻隊員①和將球傳給內線的隊員③，其次防守進攻隊員①將球傳給底角進攻隊員②。如果進攻方已將球傳給底角進攻隊員②，那麼隊員 X1 要迅速移動至低位策應區協助內線隊員 X3 防守，迫使隊員將球回傳給外線隊員①。

圖 261

## 練習 199　「公牛陣防守」

**練習目的：**提高防守隊員的夾擊技術和防守的基本功。

**練習方法：**如圖 262 所示，此練習需要 3 名防守隊員，其餘的隊員站成一個圓圈，大小要適合 3 名防守隊員在中間的防守。外圍 1 名隊員持球。

練習開始，外圍持球隊員將球傳給其他任何一名隊員，但不論誰接到球，都不允許回傳球。3 名防守隊員要集體協同防守，最近的兩名防守隊員對持球隊員進行夾擊，另一名隊員要迅速調整防守位置，伺機搶斷球或拍打球。防守隊員要根據球的轉移進行輪轉，就近的兩名防守隊員根據情況進行夾擊，另一名防守隊員進行搶斷。一旦防守隊員斷球成功或觸到傳出的球，傳球隊員與防守隊員互換位置。

**要點提示：**

① 在練習中，除了練習防守隊員的夾擊配合外，還為進攻隊員提供了較為困難的傳球鍛鍊機會和緊逼、夾擊的環境。

② 在練習時，進攻隊員要認真處理每個傳球，合理利用假動作和迎球上步接球的技術。

圖 262

### 練習 200 「4 人聯防」防守

**練習目的：**訓練區域聯防，提高防守隊員整體防守的能力。

**練習方法：**此練習需要 4 名進攻隊員和 4 名防守隊員。如圖 263 所示，1 名進攻隊員站在罰球線上，兩翼各站 1 名進攻隊員，另一名進攻隊員持球站在罰球圈弧頂。4 名防守隊員按對位聯防站位。教練員站在半場的兩個底角上。由於進攻後衛①的移動，使半場的攻防出現強側和弱側之分。

當隊員①傳球給前鋒隊員③時，防守前鋒 X2 要移動到隊員③和⑤之間，弱側防守前鋒 X3 移動到限制區中央，後衛隊員 X1 有意迫使進攻隊員①傳球給一側的前鋒隊員。強側防守前鋒積極搶斷，弱側防守前鋒有意誘使進攻隊員向自己的防守區域傳球。

當球傳給前鋒隊員時，防守後衛隊員要全力搶斷前鋒隊員的回傳球，防守前鋒要上前貼身防守，弱側防守前鋒回撤到限制區中央，防守隊員 X5 繞前防守進攻隊員⑤。前鋒隊員可以將球傳給底角處的教練員，在這種情況下，防守隊員要作如下調整：防守中鋒的站位要更低，弱側的防守前鋒負責低位策應區，強側的防守前鋒負責防守教練員向前鋒隊員的回傳球。前鋒隊員傳球後向籃下切入穿過限制區到另一側，外線的另外兩名進攻隊員要輪轉換位，繼續練習。

**要點提示：**要根據進攻和防守隊員的能力來確定防守隊員的控制範圍。

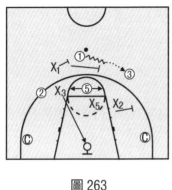

圖 263

圖 264

## 練習 201　傳球的防守

**練習目的：**提高防守隊員搶斷外線進攻隊員（前鋒）向內線不同位置傳球的能力。

**練習方法：**如圖 264 所示，此練習在兩名進攻隊員「P」和「○」及 1 名防守隊員「X」之間進行。進攻隊員「P」站在外線 45 度位置，進攻隊員「○」站在同側的低位策應區。進攻隊員「○」可利用 3 種不同的移動來創造最佳的接球機會：

第一種，向外移動拉至底角；第二種，首先沿底線移動橫跨限制區，然後再斜線上提至強側的上位策應區；第三種，下順移動至初始位置。

防守隊員要迅速移動，搶斷接球隊員在場地的底角處、低位策應區和限制區靠近傳球隊員一側的傳球。

**要點提示：**在整個練習過程中，防守隊員要根據進攻隊員的移動，保持良好的腳步動作和手臂的姿勢。對防守隊員來說，「人球兼顧」最重要。進攻隊員每移動一步，

防守隊員就要移動兩步，只有這樣才能確保防守隊員始終能夠處於搶斷球的有利位置。

### 練習 202　輪轉換位（1）

**練習目的**：提高弱側隊員的協防和防守隊員追防的能力。

**練習方法**：如圖 265 所示，4 名進攻隊員中的兩名站在罰球線的兩端，另外兩名進攻隊員分別站在底角處。兩名防守隊員橫向站在限制區的兩側。

當球傳至底角處的進攻隊員時，強側的防守隊員要上前防守，進攻隊員力爭從底線突破，這時弱側的防守隊員要橫跨限制區進行協防。

如果進攻隊員在補防隊員的「壓力」下停止運球突破，要將球回傳給同側的進攻隊員，同側的進攻隊員將球向另一側轉移，最後要傳至另一側的底角處的進攻隊員。這時協防的隊員要回到原來的一側，首先要防進攻隊員向底角的傳球，如果球成功傳至底角，那麼在另一側做上述同樣的練習。

**要點提示**：

① 弱側的防守隊員要時刻注意人球兼顧，當隊友被進攻隊員突破時，要及時補防，避免進攻隊員直接上籃得分。

② 在防守隊員完成補防，並且成功地阻止進攻隊員上籃後，要迅速回到原來一側防守，此時的防守重點是底角隊員接球後迅速投籃。原來強側的防守隊員成為新的弱側防守隊員，他要時刻準備補防另一側底角進攻隊員的底線

圖 265

圖 266

突破。

## 練習 203　輪轉換位（2）

**練習目的：** 提高防守隊員的協防、防守輪轉及追防的能力。

**練習方法：** 此練習需要 3 人進攻、3 人防守。如圖 266 所示，兩名進攻隊員站在兩底角附近，另一名進攻隊員站在罰球線的一端。兩名防守隊員站在限制區兩側的低位策應區，另一名防守隊員持球站在罰球線的另一側附近。

練習開始，持球防守隊員傳球給進攻方的後衛隊員，進攻後衛傳球給同側底角處的進攻隊員。這名進攻隊員在低位策應區突破了防守隊員（教練員的練習安排）。在這種情況下，這名被突破的防守隊員大喊「補防」，這時弱側低位策應區的防守隊員要迅速橫跨限制區來補防，迫使進攻隊員急停。這時防守後衛要向下移動，防止弱側進攻前鋒的空切。

當進攻前鋒「被迫」停止運球，並且看到防守隊員的

輪轉已經完成，將球回傳給防守後衛，在防守後衛「復位」後，再將球傳給另一側的前鋒隊員。然後兩名後衛隊員攻守轉換（原進攻後衛防守，原防守後衛進攻），繼續上述練習。

**要點提示：**

① 強側的防守隊員在需要補防時務必言明，然後再輪轉換位負責防守進攻後衛。

② 弱側防守前鋒要滑過限制區，阻止進攻隊員的運球和投籃。

③ 弱側防守後衛要及時補防因防守而留下的空檔，他的主要任務是切斷兩名進攻前鋒之間的橫傳球。

## 練習 204　防守上位策應區的掩護配合

**練習目的：**提運防守隊員對進攻隊員在上位策應區掩護配合的防守能力。

**練習方法：**此練習共需要 4 名隊員，兩名進攻隊員和兩名防守隊員。如圖 267 所示，1 名進攻隊員站在罰球圈弧頂附近，另一名進攻隊員站在罰球圈一側的上位策應區。兩名防守隊員 1 對 1 進行防守。

練習開始，上位策應區的進攻中鋒為弧頂附近的進攻後衛做掩護，進攻後衛借中鋒隊員的掩護運球突向籃下，防守中鋒首先要補防進攻後衛，直到其隊友「追防」成功，「重新」防守原進攻後衛。

**要點提示：**

① 防守中鋒在此練習中要切斷進攻後衛突入限制區的路線，而且要防守這名隊員一段時間，使同伴有時間追

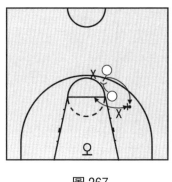

圖 267

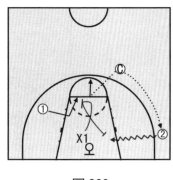

圖 268

防。同時，保持防守原進攻中鋒，以免其在掩護後的轉身進攻。如果防守隊員在練習中的某個環節沒有做好，就可能造成防守失敗。

②防守後衛可以運用「擠過」或者「繞過」瓦解對方的掩護配合，否則一旦掩護成功，防守後衛所能做的就只能儘快追防了。

### 練習 205　1防2（一）

**練習目的：**提高封斷球技術及補防能力。

**練習方法：**如圖268所示，①站在限制區腰側，②站在強側的場角，X1站在限制區中間，教練C持2球站在後衛的位置上。

練習開始時，①上提，力爭在罰球線下方接到球；教練首先將球傳給①，X1必須封斷給①的傳球；然後教練將第2個球傳給②，此時，X1必須補防②並封蓋其投籃。

**要點提示：**移動積極，果斷補防與封蓋。

圖 269

## 練習 206　1防2(二)

**練習目的**：提高 1 防 2 的能力。

**練習方法**：如圖 269 所示，用 3 個錐形物當作防守隊員，放置在半場的一側；①站在邊翼，⑤站在強側低策應位置，X5 站在籃下，教練 C 持球站在後衛的位置上。

　　練習開始時，教練將球傳給①，①接球果斷突破、變向運球進攻籃下的防守 X5；X5 既要封蓋①投籃，又要封斷①傳給⑤的球並封蓋⑤的投籃。

**要點提示**：移動積極，果斷封蓋與封斷。

# 第4部分 體能訓練

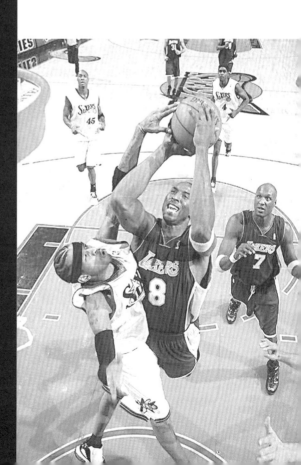

# 一、籃球運動的項目特點與體能要求

## 1.籃球運動的項目特點

任何一個運動項目在確定訓練原則和訓練內容時，首先要明確影響運動員專項競技能力的決定因素，即項目特徵或項目特點。

教練員必須深刻理解自己所從事的運動項目的項目特點，它是實施正確訓練行為的前提，否則，將導致訓練與比賽要求脫節，訓練內容與方法落後，甚至導致運動水準低下。因此，正確認識籃球運動的項目特點是籃球運動員體能訓練的前提。

對於籃球項目而言，快速多變是靈魂，技術對抗是手段，速度力量是保障，投籃得分是目的。

速度是競技運動的生命，是籃球運動進攻、防守、防守反擊、攻防轉換的關鍵。有速度才有可能捕捉有利時機、有利位置、擺脫防守、搶斷成功、控球得分。因此，籃球運動的項目特點為：

籃球運動是一項以投籃得分為目的，攻防快速多變的速度力量型、高強度直接對抗性的技能——體能類項目。

這表明籃球運動不單純是技能類運動項目，而是對體能有很高要求的運動項目。籃球運動的體能訓練要以速度力量型、對抗性身體練習為主，以保證運動員在激烈的比賽中能準確地投籃得分。

## 2. 籃球運動的體能要求

明確籃球運動的項目特點是有效地進行籃球運動體能訓練的保證。以往將籃球運動界定為單純的技能類運動項目，這種定位既不符合籃球運動的實際情況，也不利於籃球運動的訓練與發展。

籃球運動體能訓練的內容和手段要依據籃球運動的項目特點，即「籃球運動是以投準為目的的速度力量型、高強度對抗性技能——體能類項目」選擇和設計，籃球運動體能訓練的內容和手段要為提高籃球運動員競技能力的主導因素服務。

籃球運動的體能訓練是以發展籃球運動員的機能潛力和與機能潛力有關的體能要素為目的的大負荷訓練，突出對運動員各器官和機能系統的超負荷適應訓練，以達到挖掘機能潛力，提高整體運動能力和培養堅強意志的目的。籃球運動員的體能水準主要由專項速度、整體力量、運動耐力及心理機能構成。

速度是籃球運動體能水準最直接的反映，速度是籃球運動的靈魂，是創造戰機、實行攻擊的前提與條件。籃球運動的速度具有應變性（變向、變速）、節奏性和突然性的專項特點，起動速度及加速跑的速度是籃球運動專項速度的核心。

籃球運動員的專項速度主要包括：反應速度、起動速度、動作速度、進攻速度、防守速度、防守反擊速度和攻防轉換速度。籃球運動員的體能必須符合比賽強對抗、高速度（進攻與防守）的要求，才能保證技戰術的發揮。所

以，對於身體直接對抗的籃球運動的體能訓練，必須以專項速度為目標安排和設計訓練。

高水準的專項速度既是體能訓練效果的綜合反映，又是體能訓練效果的檢查與評定指標。

力量素質是籃球運動員體能建設的保證，是專項對抗能力、專項速度、專項技術掌握與完善的基礎。籃球比賽進攻與防守中的反應、跑動、加速與拼搶，以及防守與攻擊的有效性無不取決於力量素質。所以說，籃球運動員的運動技能水準與力量素質也緊密相關。

此外，力量素質與籃球運動員完成動作時的爆發力和爆發力耐力（速度力量耐力）以及實施攻擊的威力性和可靠性緊密相關。籃球運動員整體力量的目的是要求運動員應具備高度發展的全面的力量訓練水準，要求身體的各個部位，特別是上下肢、腰腹以及踝、膝、手腕、手指都應進行專門的全面的力量強化訓練，旨在發展各運動環節的肌肉力量，保證運動器官工作的實效性，即動作效果的速度性和有效性。

整體力量訓練和力量訓練的系統性與計劃性是當代籃球運動力量訓練的發展趨勢。現代籃球運動員的力量訓練具有鮮明的系統性、計劃性和連續性。力量訓練貫穿年訓練週期以及多年訓練週期的始終。

體能訓練中的運動耐力是指大強度、長時間從事專項活動能力的訓練。籃球運動員體能訓練的運動耐力水準主要取決於：

① 功能系統的機能能力；

② 在比賽中有效地利用機能潛力的能力；

③ 疲勞情況下的心理素質和意志品質。

心理機能和意志品質訓練的目的是指在面臨難以忍受的疲勞感時，保持穩定心理狀態，使神經系統充分發揮作用，挖掘和動員機能潛力，完成比賽和訓練任務。心理機能能力和意志品質的提高一方面取決於運動功能系統機能能力的提高，另一方面取決於運動員完成比賽任務的願望、意志和自我調節控制能力。其中運動員機能能力的提高是基礎，願望是動力，意志是條件，自我調節是方法。

在當代激烈對抗的籃球比賽中，常常要在落後及逆境中進行艱苦的對抗，此時運動員的身體機能和心理意志品質往往成為取勝的關鍵因素。

籃球運動的體能訓練是為技戰術的運用與發揮服務的，體能訓練是手段，提高攻防技戰術運用能力和效果是目的。因此，籃球運動的體能訓練要具有鮮明的專項特點，體能訓練只有與專項技戰術有機地結合，才能真正達到體能訓練的目的，加快訓練進程。應在體能訓練中完善和檢驗技戰術，在技戰術訓練中發展和鞏固體能。

體能可以彌補運動技能的欠缺，促進運動技術在籃球比賽中充分發揮，良好的體能水準是現代高速度、高難度、強對抗籃球比賽中發揮和運用技戰術的前提條件。為此，要根據籃球運動的項目特點、運動員的水準和不同訓練階段的任務，合理安排二者的訓練比重，將體能訓練與技戰術訓練有效地結合在一起。

對於高水準籃球運動員，應以體能訓練不斷促進和提高技戰術水準；對於青少年籃球運動員，則要以技戰術為主要手段，發展體能訓練水準。體能訓練與技戰術訓練要

根據訓練物件、訓練任務合理安排比例。

籃球運動員體能訓練的類型和手段多種多樣，例如有以技戰術為主，以彈跳力為主，以槓鈴練習為主的；也有以耐力跑為主，以綜合力量練習為主的；還有以各類輔助手段為主，以各類手段組合的循環練習等等。

但從體能訓練與專項結合的角度來看，籃球運動員體能訓練的內容與手段主要分為兩大類，一類是非專項類的訓練內容與手段——籃球運動員的力量、速度和耐力訓練，即籃球運動的基礎體能訓練；另一類是與籃球專項密切結合的訓練內容與方法，即籃球運動的專項體能訓練。

# 二、籃球運動員的基礎體能訓練

籃球運動員的基礎體能訓練內容主要包括籃球運動員的速度（包括靈活性與協調性）、力量（包括彈跳力）、耐力訓練。

## 1. 籃球運動員的速度訓練

### (1) 籃球運動速度的特點及訓練要求

① 籃球運動速度的種類

籃球運動中按照動作過程有反應速度、動作速度和移動速度之分：反應速度是指從外部接受各種刺激到開始動作的時間；動作速度是指運動員完成籃球技術動作的速度；移動速度是指運動員在單位時間內的最大位移。

反應速度與良好動作速度和位移速度有密切關係，動作速度和位移速度則直接影響各類技戰術的速度和實施。

② 籃球運動速度的特點

籃球的跑不同於田徑的跑。跑時既要看同伴，又要看對手；既有跑步，又有滑步；既有向前跑，又有向後跑；既有正著跑，又有側著跑，等等，這些都對籃球運動員的速度訓練提出了不同的要求。

籃球運動的速度特點表現為：

A. 連續反覆的快速衝刺；

B. 身體重心低，反覆變速變向；

C. 起動速度快，在短距離內能發揮最大速度能力，長

時間變速能力強。

籃球運動速度的特點決定了籃球運動員不僅需要 ATP——CP 供能能力,而且要求提高糖酵解供能能力。

③籃球運動速度訓練的要求

起動速度、加速跑速度和速度耐力是籃球運動員速度訓練的重點。因為籃球場只有 28 公尺長,15 公尺寬,所以要清楚地認識到影響這類速度的主要因素是軀幹的固定平衡力量與髖、膝、踝關節的爆發力與上肢的擺動力量。跑的技術訓練對籃球運動員來說,宜粗不宜細,根據籃球運動速度的特點,籃球運動員的速度訓練應要求:

A. 著重發展動作的頻率;

B. 培養運動員對時空的反應判斷能力,以提高反應起動速度;

C. 快速跑動應與技術動作協調;

D. 速度訓練應安排在訓練前期進行。

## (2)籃球運動員速度訓練的方法

籃球運動員的速度訓練要與其他手段相結合進行,如與發展最大力量、速度力量和完善動作技術(起動、滑步、急停等)結合;專項(動作)速度必須與專項技能的完善相結合。籃球運動員的速度訓練應著力於提高:場上的起動和快跑能力;靈活性與協調性;無氧供能能力。

①反應速度訓練

籃球運動員的反應速度主要透過與專項技術動作結構一致的速度練習,訓練方法主要有:

A. 熟練各種專項動作,增加技術動作的信息量,提高

人體的積極感知能力，縮短反應時的潛伏期；

　　B. 縮短運動各環節，尤其是關鍵環節的反應時間，可採用起動跑、追逐球、運球起動等練習。

②動作速度訓練

　　發展籃球運動員動作速度要重點提高關鍵技術環節的速度，其訓練方法主要有：

　　A. 反覆加強單個動作的關鍵環節和組合動作的銜接動作速度，提高完成動作的速度，如投籃快出手、傳球時手指手腕爆發用力；

　　B. 提高完成動作的頻率，可採用在規定時間內完成動作的次數，或在規定完成的動作次數中縮短完成的時間，如對牆傳球 1 分鐘完成 60 次。

③移動速度訓練

　　籃球運動員的移動速度與運動的頻率和技術動作的幅度有直接關係，因此，發展籃球運動員的移動速度主要是提高運動頻率和運動幅度。

　　運動頻率的訓練是在保證一定動作幅度的情況下，由改進技術，提高素質，在一定時間內儘量多地完成各種動作次數，如直線運球往返上籃要求 10 秒以內完成。運動幅度的訓練主要採用改進技術動作，提高肌肉的伸展性、關節的靈活性，以及肌肉的力量素質，最大限度地利用運動員的身體條件，如中線快速三步跨跳上籃。

## 2.籃球運動員的力量訓練

### (1)籃球運動員力量的特點及訓練要求

①籃球運動力量的種類

按運動時肌肉克服阻力的表現形式，運動訓練學將力量分為三大類：

A. 最大力量：也稱絕對力量，是指肌肉克服最大阻力的能力；

B. 速度力量（爆發力）：是指在運動過程中肌肉在盡可能短的時間內發揮強大力量快速克服阻力的能力；

C. 力量耐力：是指肌肉長時間克服一定阻力而保持準確有效工作的能力。

籃球運動員的力量要以發展速度力量和爆發力為核心，最大力量和力量耐力訓練都要圍繞這一目標設計和實施。另外，籃球運動員的力量訓練要樹立力量訓練的整體觀與系統觀。

籃球運動員力量訓練的整體觀與系統觀，一是指訓練的計劃性、系統性和連續性（不間斷性）。訓練要有不同階段與任務；二是指力量訓練必須努力使各部分肌肉得到全面均衡的發展，尤其對於身體對抗和上下肢同時參與專項動作的籃球運動員，更重要如此。三是在訓練中要注意合理發展不同性質的力量和不同收縮方式的肌肉力量。基礎力量、最大力量、快速力量和專項力量是緊密聯繫又有區別的，力量訓練中應注意它們的順序性。

②籃球運動員的力量的特點

籃球運動員的力量素質具有全面的特點，要求上肢、下肢、腹部、背部肌群均衡發展。在 40 分鐘的比賽中對運動員的奔跑、跳躍和對抗能力都有很高的要求，也就是說，對肌肉力量、肌肉速度和肌肉耐力都有很高的要求。

人體要發揮最大力量和最大爆發力，不是單一某一環節的問題，而是各運動環節、各工作肌群間的協調配合與共濟用力的綜合結果。要跑得快、跳得高、對抗強，不只是光練腿的問題，不只是光練主動肌的問題，軀幹力量（腰腹肌和背肌）、對抗肌和協同肌對籃球運動員的體能與比賽能力特別重要，但往往只注意下肢和主動肌的訓練。

③籃球運動員力量訓練的要求

籃球運動員的力量訓練要符合籃球運動的專項特點。例如，下蹲的力量性質與籃球專項的急停起跳力量相差甚遠。籃球運動員的膝關節損傷通常不是伸膝力量不足造成的，而是緩衝力量（退讓力量）不足造成的。

籃球運動員的力量訓練要注意選擇肌肉收縮方式與籃球專項運動相一致的練習手段。力量訓練要力求選擇與籃球運動技術結構相一致的動作方法，並力求將運動員的最大力量、快速力量轉化為專項力量能力，即專項跑跳能力和對抗能力。

## (2)籃球運動員力量訓練的方法

①最大力量訓練方法

發展籃球運動員最大力量的訓練主要有兩條途徑：一是由增大肌肉生理橫斷面增加肌肉收縮力量；二是改善肌

肉內協調能力，提高神經系統指揮肌肉工作能力，動員更多運動單位參加工作。訓練中應先進行增加肌肉生理橫斷面的力量訓練，然後進行肌肉內協調能力的訓練。

A. 增加肌肉生理橫斷面的最大力量訓練

此訓練方法必須科學地確定負荷強度、練習重複的次數與組數、練習的持續時間及組間的間歇時間。

訓練中一般採用本人最大極限負重量的 60%～85%的強度，4 秒鐘左右完成一次動作，做 5～8 組，每組 4～8 次；組間間歇時間控制在上一組練習肌肉所產生的疲勞得到基本消除。

B. 改善肌肉內協調能力的最大力量訓練

此訓練方法一般採用本人最大極限負重量的 85%以上強度，2 秒鐘左右完成一次動作，做 5～8 組，每組 1～3 次；組間間歇時間控制 3 分鐘左右或更長（在上一組練習肌肉所產生的疲勞得到恢復）。

C. 靜力性練習和等動練習

靜力性練習多採用大強度和極限強度，每次持續時間為 5～6 秒鐘，總的練習時間不超過 15 分鐘。等動性練習動作速度基本不變，肌肉在練習過程中都能發揮出較大力量，練習強度要大，每組練習 4～8 次，做 5～8 組，組間間歇要充分。

② 速度力量訓練方法

速度力量具有速度和力量的綜合特徵，只有使最大力量和速度兩方面都提高，才能取得速度力量訓練的最佳效果。籃球運動員速度力量的訓練方法主要有：負重練習和不負重練習。

A. 負重練習方法

負重練習時負荷強度要適宜，多採用本人最大力量的40%～80%的強度，以兼顧力量和速度兩方面的發展；每組練習5～10次，做3～6組（組數的確定以不降低速度為限）；間歇時間應較充分，一般為2～3分鐘。

B. 不負重練習方法

不負重練習主要採用發展下肢速度力量克服自身體重的跳臺階和跳深練習，以及發展上肢和軀幹速度力量的符合專項技術要求的快速練習。

C. 力量耐力訓練方法

力量耐力主要是有氧供能，其發展不僅依靠肌肉力量的發展，而且依賴血液循環、呼吸系統機能的改善和有氧代謝能力的提高。籃球運動員力量耐力的訓練要合理確定練習強度、練習重複的次數與組數、練習的持續時間及組間的間歇時間。

如果發展克服較大阻力的力量耐力，可採用本人最大力量75%～80%的負荷；若發展克服較小阻力的力量耐力，則最小負荷不能小於本人最大負荷強度的35%的負荷強度。

練習的組數，通常以保證每組達到極限重複次數來確定。若採用動力性練習，則以完成預定次數、組數為其練習持續時間。若採用靜力性練習，則單個動作的持續時間一般為10～30秒。組間間歇時間控制在未完全恢復的情況下就進行下一組練習。

### (3)籃球運動員力量訓練的具體方法

#### 練習 207　手指俯臥撐

每名隊員做手指俯臥撐至極限，每天做 2～3 次。這個練習可在訓練前、訓練後或在訓練的間隙中完成。如果完成得正確，大可增加手腕及手指的力量。

#### 練習 208　握力器或網球

握力太差的運動員要安排握力器的練習，網球是最好的代用品，即可用練握力器或捏網球的辦法增加力量。

每天做 6～7 次，每次 1～2 分鐘，手指手腕的力量很快就會得到提高。

#### 練習 209　接得觸牆後的反彈球

在接球一剎那手部能夠放鬆的能力是由苦練形成的。隊員面對牆站立，距離為 3 公尺，儘量用力向牆做雙手胸前傳球，並接得觸牆後反彈回來的球。接球時，迎前做雙腳跳停的動作，不得使球脫手。

此練習每天重複 20 次，逐漸增加傳球的力量，並縮短人與牆的距離。

#### 練習 210　接維夫爾球（帶孔的硬塑膠製球）

此練習是為手部僵硬的運動員而設計的。教練員位於距運動員 7～8 公尺處，將一個同正規壘球大小的維夫爾球擲向運動員，運動員設法去把球接住。很快他就會意識到

手上必須有一個「欲取先予」的柔合動作，否則永遠也接不好。

這個練習也訓練手眼的配合，運動員要用眼睛盯著來球，因為球會按照投擲者的手法，在空中運行時改變不同的弧度。

### 練習 211　臥推槓鈴

這個練習需要有同伴保護，先每組做 5 次，共做 5 組，為期兩週；然後每組做 8 次，共做 3 組，為期兩週。每月重複此安排，前兩週是為了增強力量，後兩週是為了增加肌肉耐力。

練習方法為：仰臥長凳上，兩手分開，稍寬於肩，雙手握槓鈴，向胸部正上方推出，直至兩臂充分伸直為止。然後屈臂使槓鈴緩慢落至胸部，此動作重複 5 次為 1 組。這個練習發展胸部、上臂後部肌肉以及肩部力量。

### 練習 212　臥推啞鈴

仰臥長凳上，雙臂向胸正上方伸直，雙手各持同等重量的啞鈴。雙手距離稍寬於肩。開始時，雙手緩慢下落，直至啞鈴能輕輕觸及胸部兩側的位置，然後，雙手再向上推起，直至兩臂完全伸直。

此練習重複 5 次為 1 組。這個練習發展胸肌、三角肌和肩前部的肌肉群。

### 練習 213　斜臥推舉

頭在上、腳在下躺在斜板上（板的斜度可自定），雙

臂上舉，伸直於胸前，雙手各握一啞鈴，屈臂引鈴到胸部兩側稍寬於肩的位置，使亞鈴觸及胸部外側，然後再上舉至開始姿勢。

如此重複練習，共練 3 組，每組 5 次。這個練習發展胸部及背部肌肉。

### 練習 214　推　舉

以站立姿勢開始，雙腳與肩同寬，位於槓鈴桿下方。雙手手心向內握槓鈴桿，緊靠膝關節外側。動作開始時以一個連續動作將槓鈴桿舉過頭部再緩落至鎖骨處，從此準備姿勢開始向上推舉，直至兩臂伸直。

5 次為 1 組，共做 4 組。這個練習一定要有同伴幫助保護。它發展臂後部、肩前部和肩側部的肌肉。

### 練習 215　拉懸垂弧形槓鈴桿的練習

將槓鈴桿拉至頸部後方，使其慢慢還原成原來懸垂位置。此練習發展肩後部的肌肉、二頭肌和背部上部的肌群。此練習共做 4 組，每組 5 次。

### 練習 216　划臂練習

站立姿勢，兩臂伸直下垂，手心向內握於緊靠槓鈴桿中間位置，以保持兩側重量平衡，並置於大腿前方。屈肘提鈴至下頜部位，然後再緩慢下放槓鈴桿至雙臂伸直姿勢。重複 5 次為 1 組，共做 3 組。這個練習發展前臂力量、二頭肌和肩部肌肉。

### 練習 217　握槓鈴屈臂練習

雙腳分開站立與肩同寬，兩臂完全伸直，手心向外，雙手握於槓鈴桿中間位置，使槓鈴桿處於大腿正前方，屈臂舉鈴至前臂與二頭肌靠近，然後再緩慢下放槓鈴至開始時位置。每 8 次為 1 組，共做 3 組。做此練習時，應注意保持背部及雙腿始終伸直。

### 練習 218　握啞鈴屈臂練習

雙手各握同等重量的啞鈴，立姿或坐姿，雙手輪流屈臂舉鈴。每臂做 8 次，16 次為 1 組，共做 3 組。此練習發展二頭肌力量。

### 練習 219　「21」次屈臂練習

所謂的「21」次屈臂練習是包括 3 種每種 7 次的練習綜合而來。

第一種與上述的握槓鈴屈臂練習相同；第二種是在第一種練習完成第 7 次後，立即開始第二種練習，即半屈臂練習，當練至第 7 次時，即變成使前臂與二頭肌相接觸，這個位置既當做第二種的結束，也當做第三種的開始；第三種練習由屈臂的姿勢不放槓鈴桿至完全下蹲的位置，而是中途即停止，再屈臂至胸前，練 7 次，這樣前後共完成了 21 次的屈臂練習。練習時應保持背部和雙腿伸直。這個練習發展二頭肌。

## 練習 220　發展三頭肌的練習

仰臥於條凳上，雙手握槓鈴桿，雙手之間的距離為
20～30 公分。雙臂伸直，屈肘使槓鈴緩慢下落，待槓鈴桿
觸及前額後，立即伸直手臂。

重複 8 次為 1 組，共練 3 組。這個練習發展三頭肌。

## 練習 221　肩負槓鈴下蹲

肩負槓鈴置於頸後，握槓鈴桿的雙手儘量寬一些，但
不得寬於腰部。雙腳開立與肩同寬，抬頭平視前方，保持
後背正直。練習開始時，做屈膝、屈髖的動作，但腰部不
得彎屈，降低重心變成坐姿，然後起立成站立式。可以在
臀下放一條凳，以確定下蹲的深度。當臀部自上而下觸及
凳面、大腿平行於地面時，即可做蹲起的動作。

這個練習中下蹲的深度是否合適是最重要的，所以才
在臀下放條凳。連續做 8 次為 1 組，共做 4 組。在這個練
習中應注意下列 4 點：

（1）要事先做好充分的準備活動；

（2）在整個練習過程中都要有同伴認真地進行保護；

（3）要調整好負重量；

（4）臀部下要放條凳。

這個練習發展大腿肌肉群的力量（個別運動員因練習
法不當而出現傷害事故，嚴重者甚至造成高位截癱，請讀
者提高警惕）

### 練習 222　肩部負提踵

準備姿勢同肩負槓鈴下蹲練習。練習時，肩負槓鈴儘量向上提腳踵，腰部不得彎屈，足跟落回原地，重複 20 次。為了增加難度，可在前腳掌下放 7～8 公分厚的木板。這個練習發展腓腸肌。

### 練習 223　負重蹬上退下

置 0.3 公尺或 0.6 公尺高的木台於體前。肩負槓鈴或雙手持啞鈴，先用右腳蹬上木台，左腳隨即跟著也蹬上木台，兩腳站立在臺上，左腳下退落地，然後右腳再退下。做完右腳先蹬上 8 次後，換成左腳先蹬上 8 次算一組，共做 3 組。此練習發展大腿前後肌肉群的力量。

### 練習 224　肩負槓鈴跨步下蹲

肩負槓鈴或雙手持啞鈴站立。練習時，一腳向前邁一大步，屈膝成前後弓箭步，然後收回前腳還原成站立姿勢。左右腳各重複 8 次為一組，共做 3 組。這個練習發展膝關節肌肉群及大腿前部肌肉群。

### 練習 225　摸籃圈

顧名思義，在這個練習中，練習者垂直向上跳起，並儘量觸及籃圈。如果練習者不能達到這個高度，那麼盡力跳起，摸所能觸及到的籃板高度，或是球網及其他懸掛物體。這個練習由一系列的快速垂直跳組成。

練習者應注意快速起跳。起跳的速度比起跳的高度更

重要。但是，練習者要始終要求自己儘量跳高。

要求：

（1）設想一個垂直距離，眼睛盯住目標。

（2）起跳前先迅速降低重心，身體呈 1/4 下蹲，踝、膝、髖、肩、肘微屈。

（3）迅速跳起，單手觸及目標。

## 練習 226　收腹跳

這個練習類似摸籃圈，要求練習者儘量跳高，並在騰空階段收腿，起跳迅速。區別在於練習者的眼睛應該始終看著正前方或稍下方。

要求：

（1）做該練習時，需要連續完成一系列的快速垂直跳。

（2）站立，身體保持直立、平衡的姿勢。

（3）迅速降低身體重心，身體呈 1/4 下蹲，踝、膝、髖、肩、肘微屈。

（4）迅速跳起，同時膝蓋儘量靠近肘部（兩臂前舉與地面平行）。

## 練習 227　前後障礙跳

在這個練習中，障礙物可以是一小塊泡沫障礙物、折疊起來的毛巾或是可折疊的障礙物，這樣可以使練習者對自己所需跳躍的高度有一個視覺上的感受。

練習者可以調整障礙物的高度，可以使用多個障礙物，就是改變障礙物之間的距離。使用一組障礙物可以使

練習者不斷調整跳躍的高度和遠度。

### 練習 228　負重跳

用膠條貼標記於地板上，運動員跳起後落地時必須落在標記點上。

練習時可穿沙袋背心、加重鞋或用其他負重的方法，以增加練習難度。也可負重做摸籃筐的練習。

### 練習 229　跳起後折體的練習

跳起後將雙腳前踢，爭取在空中摸到雙腳。連續 20 次。

### 練習 230　跳　繩

雙腳跳、單腳跳、兩腳交換跳。開始時用正規的單搖跳，隨後可逐漸變化花樣，如雙臂體前交叉跳或其他更難的動作。

## 3.籃球運動員的耐力訓練

### (1)籃球運動耐力的特點及訓練要求

①籃球運動耐力素質的種類

不同的分類標準有不同的分類方法。籃球運動員的耐力素質從供能特徵角度可分為有氧耐力和無氧耐力；從耐力素質與籃球運動的關係可分為一般耐力和專項耐力；從運動素質的特徵可分為力量耐力和速度耐力、最大力量耐力與快速力量耐力（爆發力耐力）等。

②籃球運動耐力的特點

籃球運動員的耐力素質主要以糖酵解的供能形式為主，因此，籃球運動員的耐力訓練要以最大乳酸能和機體耐酸能力的訓練為主，有氧供能的訓練為輔。有氧供能的訓練是糖酵解供能訓練的基礎。有氧供能能力強，運動員在比賽和訓練中的恢復能力就強。但是，必須認識到無氧供能和無氧——有氧混合供能是保證籃球運動員在比賽中保持長時間快速運動能力的物質要素。

③籃球運動耐力訓練要求

根據籃球運動耐力的特點，籃球運動員耐力訓練的要求主要有：

A. 籃球運動員的耐力訓練首先要提高有氧耐力水準；

B. 籃球運動員的耐力訓練要突出專項耐力；

C. 準備階段前期應更多地發展有氧耐力，準備階段後期及賽前階段則著重發展無氧耐力；

D. 籃球運動員的耐力訓練要長年進行。

## (2) 籃球運動耐力的訓練方法

發展籃球運動員一般耐力的途徑是提高運動員的攝氧、輸氧及用氧能力，保持體內適宜糖元和脂肪的儲存量以及提高肌肉支撐運動員器官對長時間負荷的承受能力。發展一般耐力經常採用持續勻速負荷和變速負荷的方法，負荷強度一般應控制在接近無氧代謝的強度，心率控制在 160 次 / 分左右。

發展籃球運動員專項耐力訓練要特別注意專項總體代謝特點，一般以發展非乳酸性無氧耐力為主，採用 95% 左

右強度、心率可達 180 次 / 分的訓練方法，重複組數可達 5～6 組，重複次數比組數少些為宜。

① 持續負荷法

這種訓練方法主要提高有氧代謝水準，心率控制在 160 次 / 分左右。方法有：

A. 勻速跑；

B. 變速跑；

C. 超越跑；

D. 折返跑。

② 間歇負荷法

這種訓練方法為有氧和無氧混合代謝。負荷採用 50% 左右的有氧和 50%左右的無氧進行，心率上限為 28 次左右 /10 秒，間歇時間是在沒有完全恢復的情況下再進行下一次練習。方法有：

A. 400 公尺跑、100 公尺快速跑、100 公尺放鬆跑，反覆進行；

B. 40 秒左右的各種連續跑，重複進行。

③ 重複負荷法

這種訓練方法主要提高無氧代謝水準，負荷的最大心率達 28 次以上 /10 秒，組間休息 5 分鐘，心率下降至 15 次左右 /10 秒再進行下一次的練習。方法有：

A. 5～10 組 400 公尺計時跑；

B. 不同強度的重複練習。

# 三、籃球運動員的專項體能訓練

　　籃球運動員的專項體能訓練是根據籃球專項運動的特點及對體能的專門要求，採取與專項運動有緊密聯繫的訓練手段和方法，以提高專項體能和使體型適應專項的要求。

　　只有深入瞭解當代籃球運動的發展特徵，才能正確把握籃球運動專項體能的專門內容，從而準確地選擇和運用專項體能訓練的方法與手段，達到提高專項體能和專項運動水準的效果。

　　籃球運動員的專項體能訓練主要採用與籃球運動的技戰術訓練結合進行，具體訓練方法和手段包括：徒手練習、持球練習和綜合及循環練習。

## 1. 徒手練習

### 練習 231　速度素質練習方法

① 半場側身快跑；

② 不同姿勢與方向的起動；

③ 10 公尺轉身追逐跑；

④ 聽口令，看信號起跑；

⑤ 搶籃板球後第一傳起動跑；

⑥ 跑（變向、側身、弧線）、跳、急停、轉身、起動、滑步等腳步綜合練習。

## 練習 232　耐力素質練習方法

① 全場 10 圈變速跑；

② 變距折返跑（端、罰、中、對方罰、對方中、對方端）；

③ 5～10 公尺折返跑；

④ 全場連續防守滑步；

⑤ 防守移動練習：如圖 270 所示，在半場、端線及 3 分線上分別放置 3 個實心球，隊員由摸球 1 起動，摸到球 2 後退跑至球 1，然後繼續摸球 3，同樣方法做完 3、4 兩組往返後，用滑步做完 1-3-1 的移動；

⑥ 跳跑練習：2 名運動員分別站在球場的兩個籃下，聽信號後先跳起摸籃板（圈），然後後退跑至對面球籃再次跳起摸籃板（圈），如此重複 5 趟。

⑦ 連續碰板 100～200 次。

⑧ 由移動中接來球而增強耐力

運動員位於球籃正下方，面向端線。教練員位於罰球線，面向運動員，運動員從限制區這一側邊線用橫滑步滑向限制區的另一側邊線，教練員可向限制區內任何地點以任何方式傳球（如擊地、胸前、高吊、地滾等），並及時給予哨音或口令，運動員聽到哨音或口令後，要立即做 180 度轉身，雙腳跳停，再成面向場外

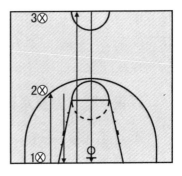

**圖 270**

的姿勢。此練習可繼續進行半分鐘，它不僅可以訓練耐力，而且可以改進策應隊員手部的協調性。

⑨ 橫滑步練習 1

運動員以防守姿勢站於限制區內，面向中場。由限制區一側邊線做橫滑步至另一側邊線，並以手觸及地面但不得低頭。開始訓練時，可練半分鐘，逐漸增至 1 分半鐘。

⑩ 橫滑步練習 2

運動員以防守姿勢站於場角處，以手掌觸地後開始沿端線滑至另一場角。滑步一次用手掌觸地一次，滑動時不得用交叉步。到達另一場角後，再沿邊線向中場線滑步，至中場線後再向另一端線滑步，然後沿遠端端線滑步，至遠端另一場角後，沿邊線滑步回至起點。每滑步一次，都要用手掌觸地一次。

這是一個要求極高的練習，所以不宜在訓練的起始部分或訓練中進行，以免運動員消耗體力過大。但在訓練課結束部分使用時，可以大大加強運動員的耐力。

⑪ 跑動中急停並縱跳的練習

聽到教練員第一次哨音，運動員向遠方端線奔跑；再聽到哨音，做雙腳跳停的動作，隨即盡力向上縱跳；聽到第三次哨音，繼續向遠方端線奔跑；抵達端線後，聽到哨音再返回端線。此練習每天可做數次。

## 練習 233　力量素質練習方法

① 全場連續多級跳；

② 全場連續蛙跳；

③ 連續快速跳起摸高；

④ 中場三級跳上籃；

⑤ 負重投籃；

⑥ 1打2、2打3、3打4練習；

⑦ 頂擋拼搶籃板球練習。

隊員面向球籃站立，跳起手觸籃圈，下落時在空中轉體90度，身體側對籃圈，落地後迅速再跳起在空中做反方向180度轉體使另側身體正對籃圈。

這個練習每名隊員做30秒鐘，每次跳起後都要觸籃圈，每次落地前都要做轉體動作。練習目的在於增強彈跳力，訓練拼搶第二次、第三次、第四次投籃未中後的籃板球能力，提高移動能力和靈活性。

⑧ 強力起跳練習

如圖271所示站好位置，籃下兩側各置一球，球旁設兩名防守者X。進攻者○可從任何一側開始，撿起球，迅速向籃圈沖跳（在起跳前可做上下晃球動作）。他必須用雙手牢牢地握住球，保護好球，投球時應投碰板球，碰板點越高越好，這樣對方不僅不易觸到球，而且容易「侵人犯規」。落地後，立即向另側籃下跑去，撿起球重複同樣的練習。教練員接得投中的球放在球原來所在的空點上。目的在於增強連續拼搶籃板球的體力，提高承受防守犯規時連續完成強力投籃的能力。

圖271

## 2. 持球練習

### 練習 234　快速起跳的練習

**練習目的：**訓練連續起跳的能力和體力，提高身體靈活性。

**練習方法：**如圖 272、273、274 所示，隊員撿起球，向球籃沖跳，使球觸及球籃（若身體條件好，則可令球觸到籃圈上沿），然後雙手握球落地。落地後，立即做後轉身動作（可運球，也可不運球）至另側籃下重複上述使球觸籃圈的動作，落地後做後轉身（可運球或不運球），回到原來起始練習的一側，繼續在該側重複同樣的起跳。快速起跳是拼搶籃板球的一項重要技

圖 272

圖 273

圖 274

能，練習中要強調連續快速起跳。

## 練習 235　靈活性及彈跳力練習

**練習目的：**訓練隊員的靈活性，增強拼搶第二次、第三次、第四次投籃未中後拼搶籃板球的體力、移動能力及籃板球後落地前在空中轉身的能力。

**練習方法：**隊員在籃下一側站立，隊員本人將球扔向籃板的另一側，使它穿過限制區，向限制區內跨一步，用力向限制區另側起跳，並在球落地前在空中將球搶到手。搶球後繼續在空中轉身，並立即將球拋向另側限制區，落地後立即跳向該側拼搶該球。開始時進行 30 秒鐘，然後逐漸增加為 1 分鐘、1 分半鐘。

## 練習 236　靈敏性和反應時練習

**練習目的：**提高隊員的靈敏性和反應時。

**練習方法：**如圖 275 所示，這個練習要利用一面牆，包括 3 個小練習系列。

第一個練習，隊員手持兩個球，距牆大約 1.5～2.5 公尺面向牆站立。依次雙手胸前傳接球，這個練習恰似魔術師的雜耍；

第二個練習，隊員手持一球距牆 1.5～2.5 公尺背向牆站立，從頭頂向後拋球至牆上，然後立即起跳在空中轉身 180

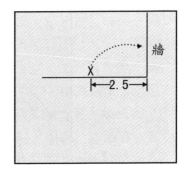

圖 275

度接球，接球時身體要面向牆；

第三個練習，隊員距牆 1.5～2.5 公尺面向牆站立，另一名隊員從其背後向牆上傳球，練習隊員要在球落地前將球接到，然後從肩上向後傳球給傳球隊員進行下一次練習。

此練習的重點是最大限度地提高練習隊員的反應時。當練習隊員的反應時水準提高後，可以由縮短練習隊員和牆之間的距離提高練習的難度。

### 練習 237　靈敏與移動練習

**練習目的：**提高隊員正確的腳步技術、靈敏性和快速移動能力。

**練習方法：**如圖 276 所示，這個系列練習持續約 45 秒，包括三個內容，教練員可以根據需要分為三段，但整個過程中，練習隊員要始終保持良好的防守姿勢（低重心）：

第一段，練習隊員的右腳向左做前交叉步，然後回到初始位置，左腳向右做前交叉步，再回到初始位置，如此反覆。在練習過程中，練習隊員的腳不允許踩線；

第二段，練習隊員的兩腳併攏，從直線的一側跳到另一側，然後再跳回，如此反覆。在練習過程中，練習隊員的腳也不允許踩線；

第三段，練習隊員跨線站立，跳起轉身 180 度，如此反覆。在練習過程中，練習隊員的腳同樣不允許踩線。

練習隊員動作熟練後，可以加快動作速度。教練員可以記錄每位練習隊員的重複次數，使練習隊員能夠得到及

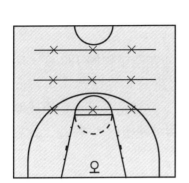

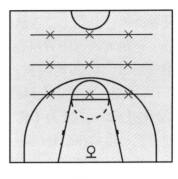

| 圖 276 | 圖 277 |

時的回饋。這些練習能夠使練習隊員儘快地提高快速移動能力，而練習效果的好壞會直接影響隊員的防守技術和防守能力。

## 練習 238　側向跑動中異側腿做體前、體後輪流交叉的練習

運動員在中場線一端站好，準備做從一側邊線側向跑向另一側邊線的練習。隊員的髖關節平行於端線。練習開始時，側向慢慢跑動，在跑動過程中，用與前進方向相反一側的腳做體前交叉，然後再做體後交叉，如此直至另側邊線。然後開始向相反一側做此練習，只是交叉腿不同而已。先做 30 秒鐘，而後可逐漸增至 1 分鐘，而且髖關節扭轉的動作也可加快。

## 練習 239　開腳併腳跟加轉身動作的練習

做標記如圖 277 所示，各點之間相距 1 公尺。開始時，運動員雙腳開立，分別踏在 D 和 E 點上，跳向 C 點併

雙腳都落在 C 點上，再跳向 A、B 點。

在跳的過程中要跳得稍高些並在空中轉體 180 度，使兩腳自然交換落地位置，然後再跳向 C 點落地，再跳向 D、E 兩點，並在空中轉體 180 度，兩腳落地時已還原成開始時的位置，如此為 1 組。此練習可連續做 30 秒鐘，計算並登記每組動作的時間。

第二階段練習為只用後腳起跳並落在 C 上點，再跳向 A、B 點，左腳落在 A 點，右腳落在 B 點。輕輕跳起，兩腳交換落地點，即右腳在 A 點，左腳在 B 點，計算並登記每組動作時間。

第三階段練習為只用左腳跳並落在 C 點，其餘練習同第二階段。

第四階段為向後跳躍的練習：運動員左腳在 E 點上，右腳在 D 點上，向後跳向 C 點，雙腳落地，然後向後跳，右腳落於 A 點，左腳落在 B 點，輕輕跳起，在空中轉體，兩腳交換落地。向後跳向 C 點，落地，再跳回 D、E 點，空中轉體，落地後成開始時姿勢。此練習進行 30 秒鐘，計算並登記每組動作所用的時間。

如果登記的表格填寫正確，就會發現動作品質和時間會天天有變化。開始時跳得低，足趾蹬地的力量會漸漸加強，這就是快速動作所需的基礎，同時練習的時間也會加長至 1 分鐘或 1 分半鐘，所以這也是耐力的練習。

## 練習 240　2 人、3 人、4 人全場快攻傳球練習

**練習目的：**提高專項速度及專項耐力。

**練習方法：**全場往返傳接球上籃。練習時球不能觸

地，隊員要全速跑，要求無任何失誤連續進行 30 個來回。

## 練習 241　多球練習

**練習目的**：提高在疲勞狀態下的傳接球技術及體能。

**練習方法**：可用 1〜5 個球。隊員如圖 278 所示站成一排，本圖中用 3 個球。以隊員⑤傳球給⑥或⑦開始練習，①、②、③、④不停地傳球給⑤，速度不斷加快，直到⑤出錯。可用多種方式傳球，前排的隊員在控制好傳球的節奏，並注意接底線隊員傳來的球。各位置隊員輪轉練習。

## 練習 242　對抗投籃練習

**練習目的**：提高在身體對抗下投籃得分、搶進攻籃板球及攻擊的能力。

**練習方法**：3 人或 6 人分 3 組如圖 279 所示站在籃下，將球放在地板上。練習開始，①撿球投籃，如果投不中，①組的其他隊員搶籃板補籃；①組得分後排到隊尾，②組重複以上練習。當①、②、③都練習完後將球給中間

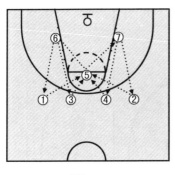

圖 278

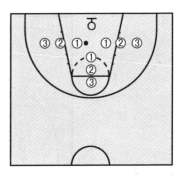

圖 279

一排的隊員，然後給左側一排的隊員。

如圖 280 所示，各組隊員都向後退，練習 4～5 公尺的跳投，但球要傳給投籃隊員；最後練習 3 分投籃。如果籃板球反彈較遠，搶到球後直接傳給同伴上籃或搶到籃板球的隊員 1 打 2。

### 練習 243　全場連續上籃

**練習目的：**提高隊員的心肺功能。

**練習方法：**如圖 281 所示，此練習共進行 4 分鐘，用 3 個球，統計投中次數與不中次數。①一傳球給⑥，⑥接球後面向邊線轉身，並沿邊線快速運球上籃；同時，①快速跑至對側罰球線，拉開，然後折回，沿邊快下。⑥上籃後衝搶籃板球並將球傳給快下的①，①運球上籃；①、⑥交換位置。當①、⑥過半場時，

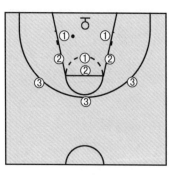

圖 280

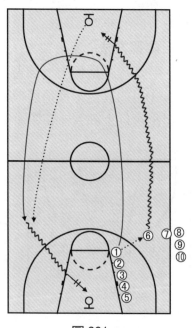

圖 281

②、⑦立即開始練習；以此類推，使 3 個球在場上同時進行練習。

在 4 分鐘內的連續投中 80 個。練習不要求用左、右手都上籃，但要求儘量多的投中次數。

## 3.綜合與循環練習

### (1)綜合練習：大強度投籃

**練習目的：**提高在大強度條件下的投籃能力及體能水準。

**練習要求：**以下的投籃練習必須要求練習的強度，藉由大強度的練習使隊員產生疲勞，以使他們在類似比賽條件下進行投籃。開始時隊員的投籃命中率可能較低，但隨著投籃速度及耐力的提高，命中率會不斷提高，比賽時全隊的命中率也會不斷提高。

這些投籃練習並不要求每次訓練全部練習，應根據本隊的訓練計畫選擇相應的練習。每次訓練一般安排兩部分投籃練習，每部分進行 5～10 分鐘，練習一定要有強度和競爭性。臨近比賽期，投籃練習的時間將減少，一般每個練習每名隊員的投籃時間不少於 30 秒也不多於 1 分鐘，短時間的快速投籃練習有助於保持隊員的注意力、增加練習強度。

投籃應該分組配對練習，每次練習都要計時、計分，並要求投中後隊員要大聲「計數」。除得分最高的 3 名隊員外，其餘隊員在練習結束後都要給予一定的處罰（衝刺跑、俯臥撐等），以激勵隊員努力訓練。

### 練習 244　快速衝刺跑——投籃

如圖 282 所示，隊員持球站在籃下，投籃或扣籃後立即跑向罰球線並用手觸摸罰球線，然後撿球投籃（在撿到球的地點），再跑向罰球線並用手觸摸罰球線，撿球投籃（在撿到球的地點）。如此方法連續進行。

### 練習 245　運球上籃

如圖 283 所示，隊員持球站在右側 3 分線外，聽到教練的信號後，用右手運球上籃並在球剛穿過籃網時搶獲籃板，仍用右手運球至另一側 3 分線外；然後換左手運球上籃，搶籃板球，左手運球回到原出發點，如此方法連續進行。

### 練習 246　拋球——接球投籃

如圖 284 所示，隊員持球站在右側 3 分線外，跳投後衝搶籃板球並將球拋向左側 3 分線外，然後快速跑至左側

圖 282

圖 283

圖 284

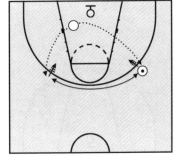

圖 285

3 分線外接球，轉身面向球籃跳投。如此方法連續進行。

### 練習 247　快速移動接球投籃

如圖 285 所示，投籃隊員站在右側 3 分線外，另一名隊員站在籃下搶籃板並傳球；投籃隊員投籃後快速跑至左側 3 分線外接球投籃，然後快速跑回原地點接球投籃。如此方法連續進行。

### 練習 248　迎前防守——投籃

2 人一組 1 球，1 名隊員站在籃下傳球，另 1 名隊員站在 3 分線附近。籃下隊員將球傳給投籃隊員後，立即迎前封堵投籃；投籃隊員接球後面對防守壓力跳投，然後衝搶籃板球並將球傳給剛才防守的同伴，快速迎前封堵同伴投籃。如此方法連續進行，可不斷改變投籃地點。

此練習還可變化為：投籃隊員接球後先做投籃假動作，然後大力運球 2 次急停跳投。

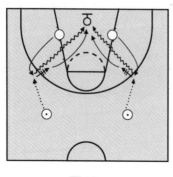

圖 286

## 練習 248　分組投籃

如圖 286 所示，4 人一組 2 球一個球籃，2 名隊員持球分別站在離圈頂 4 公尺外傳球，另 2 名隊員接球投籃，傳球隊員只將球傳給同一投籃隊員，投籃隊員只在球籃一側投籃。投籃隊員要求運用 2 種方式投籃，即中距離跳投及運球上籃。投籃隊員投籃後衝搶籃板球，並將球傳回自己的傳球者。

## (2) 循環練習

循環訓練法的基礎是重複和間歇訓練，要求要有週期的連續交替，在每項練習的基礎上完成一整套的練習。

使用循環訓練法要嚴格按照規定的重複次數、休息時間完成各項練習。循環訓練多在準備期進行一般體能訓練和專項體能訓練時使用，專項體能訓練一般做 3 次循環，每次循環訓練可根據訓練任務加大或減少脈搏頻率，調節量與強度。

循環訓練的整套練習的負荷是由練習的持續時間、練習強度、重複次數、間歇時間四方面因素決定的。循環訓練法主要有以下幾個類型：

① 不間斷的長時間類型的練習，用於發展一般耐力；

② 硬性間歇的練習，用於發展力量性耐力和速度性耐力；

③ 帶有普通間歇類型的練習，在恢復期和過渡期使用，或在一般身體訓練時使用。

### 練習 250

① 負重 20 公斤槓鈴增強二頭肌；

② 負重 60 公斤槓鈴提踵練習，增強踝關節力量；

③ 10 公斤啞鈴練習，練習三角肌；

④ 55～60 公斤槓鈴臥推；

⑤ 頸後負重 10 公斤練習背肌；

⑥ 頸後負重 10 公斤練習腹肌；

⑦ 負重 60 公斤槓鈴半蹲起接提踵；

⑧ 單槓引體向上；

⑨ 雙手持 15～20 公斤槓鈴片雙手水準左中右平伸；

⑩ 肩負重 55 公斤槓鈴蹬 60 公分高度（左右腿交替）；

⑪ 20 公尺高抬腿接 10 公尺衝刺跑 3×20 秒，休息 1 分鐘；

⑫ 20 公尺後提腿接 10 公尺衝刺跑 3×20 秒，休息 1 分鐘；

⑬ 45 度上坡跑 20 公尺 10 秒，休息 1 分鐘；

⑭ 右腿單足跳 20 公尺接 10 公尺衝刺跑 3×20 秒，休息 1 分鐘；

⑮ 左腿單足跳 20 公尺接 10 公尺衝刺跑 3×20 秒，休息 1 分鐘；

⑯ 後蹬跑 20 公尺接 10 公尺衝刺跑 3×20 秒，休息 1 分鐘；

⑰　20 公尺全速跑 3×5 秒，休息 1 分鐘；

⑱ 收腹跳接 10 公尺衝刺跑 3×18 秒，休息 1 分鐘。

## 練習 251

① 全場連續後滑後撤步 3 分鐘，強度 70%；2 人一組罰球 2 分鐘；

②全場連續端線起動至中場接後退跑至端線 2 分 30 秒，強度 75%；2 人一組罰球 1 分 30 秒；

③ 全場橫滑步往返 2 分鐘，強度 80%；2 人一組罰球 1 分鐘；

④ 重複 1 的練習 1 分 30 秒，強度 80%；消極休息 45 秒；

⑤ 重複 2 的練習 1 分鐘，強度 90%；消極休息 30 秒；

⑥ 重複 3 的練習 45 秒，強度 100%，消極休息 2 分鐘；

⑦ 3 人一組罰球 6 分鐘；1 人罰球（5 次），一人傳球，一人連續跳摸籃板，3 人循環交換。

## 練習 252

① 3 人一組罰球 6 分鐘；1 人罰球（2 次），1 人傳球，1 人全場往返跑，3 人輪轉；

② 3 人一組在中圈 2 傳 1 搶，傳球者可沿中圈弧線移動，2 分鐘×3 組，3 人輪轉；

③ 3 人一組投籃 6 分鐘；1 人投籃，1 人封蓋，1 人傳球，3 人輪轉；

④ 3 人一組在一直線上分 3 點原地傳接球，經過中間人向左右傳接球，2 分鐘×3 組，3 人輪轉。

### 練習 253

此循環練習一次循環的時間為 20 分鐘，共分 20 個循環站點，每個站點 1 分鐘（練習時間 50 秒，轉換時間 10 秒）。根據訓練物件及訓練情況，還可增加一次 10 分鐘的循環練習（每站 30 秒，其中練習 20 秒，轉換 10 秒）。循環站點及說明如下：

循環站點說明：

A. 保持基本防守姿勢在兩邊線之間來回滑步；

B. 面向牆或看臺連續雙腳起跳，用雙手摸高；

C. 雙腳跳——抬腿跳——跨騎跳——單腳跳——混合跳；

D. 高大隊員個人技術（任選其一）：

① 搶籃板球練習：隊員持球站在限制區外，將球拋向籃板（籃圈上方籃板對側角上），然後快速滑過限制區至另一側並跳起搶籃板球，再將球拋向籃板，同樣方法繼續練習；要求始終將雙手舉在頭上，並在頭上將球搶獲。

② 中鋒移動練習：隊員持球站在低策應位置，將球拋向罰球線，向罰球線移動接球前傳身或後轉身面向球籃；要求將球舉在頭上。

③ 腳步練習：隊員持球側對或背對球籃站在限制區，前轉身，做投籃假動作，然後向籃下插步勾手投籃。

④ 搶籃板球練習：隊員持球站在籃下，將球拋向籃板，然後跳起搶籃板，以此方法連續進行；要求雙手始終

舉在頭上。

　　⑤ 快速跨線跳 10～25 個俯臥撐；

　　⑥ 原地對牆投籃練習，強調持球姿勢、投籃用力及跟隨動作；

　　⑦ 腿部力量練習。隊員背直立靠牆，好似坐在一把椅子上，大腿與小腿成 90 度，雙手向前伸直。

　　⑧ 在場地上成正方形放 4 塊彩帶，隊員按教練要求以不同路線不停地在彩帶上跳躍；要求隊員反應敏捷、速度快。

　　⑨ 橄欖球練習：隊員躺在地板上，雙腿上抬離地 1.5 公尺，保持 50 秒；

　　⑩ 策應練習：主要提高隊員在策應區及限制區的得分能力，提高向內線傳球的效果。此練習 6 人一組 3 球，1 名隊員站在低策應位置，2 名隊員站在籃下搶籃板球，2 名隊員持站在邊翼，1 名隊員持球站在圈頂。

　　練習方法：聽到教練的哨聲，1 名邊翼隊員用勾手將球傳給站在低策應位置的進攻隊員，進攻隊員接球後利用中鋒移動投籃，然後移動到另一側低策應位置接球上籃；2 名籃下隊員搶籃板球並傳回邊翼隊員；進攻隊員上籃後跑至端線，然後快速上提至限制區上部接圈頂隊員的雙手胸前傳球，接球後轉身跳投並衝搶籃板補籃，然後搶籃板球傳回圈頂隊員，並立即移動到低策應位置重複上述練習。

　　⑪ 將 1 根繩子栓在啞鈴上並拉緊，隊員用雙腳快速跨線跳，從繩子一端跳至另一端然後返回；

　　⑫ 同練習 7；

　　⑬ 同練習 6；

國家圖書館出版品預行編目資料

美國青少年籃球訓練方法250例 ／ 譚朕斌 主編
－初版－臺北市：大展，2008【民97・10】
　　　　面；21公分－（運動精進叢書；20）
　ISBN 978-957-468-639-1　（平裝）

　1.. 籃球

528.952　　　　　　　　　　　　97015056

# 美國青少年籃球訓練方法 250 例

主　　　編／譚 朕 斌
責任編輯／佟　　暉
發 行 人／蔡 森 明
出 版 者／大展出版社有限公司
社　　　址／台北市北投區（石牌）致遠一路2段12巷1號
電　　　話／(02) 28236031・28236033・28233123
傳　　　真／(02) 28272069
郵政劃撥／01669551
網　　　址／www. dah-jaan. com. tw
E-mail／service@dah-jaan. com. tw
登 記 證／局版臺業字第2171號
承 印 者／傳興印刷有限公司
裝　　　訂／建鑫裝訂有限公司
排 版 者／弘益電腦排版有限公司
授 權 者／北京體育大學出版社
初版1刷／2008年（民 97年） 10月
初版2刷／2013年（民102年）　2月　　　　　定價／280元

⑭ 隊員先躺在地板上投籃，然後做 10～25 個俯臥撐；向空中投出的球應該落回投籃隊員手中；

⑮ 統計隊員投籃最好及最差的區域；

⑯ 同練習 3；

⑰ 用大球原地或加速運球；

⑱ 原地交接球：繞頭部、腰部及腿部；

⑲ 防守滑步：在兩邊線間來回滑步，不要求滑步速度，但強調防守基本姿勢；

⑳ 後退跑：在兩邊線間來回進行，既強調基本姿勢又要求速度，雙手舉在頭上。

大展好書　好書大展
品嘗好書　冠群可期

大展好書　好書大展

品嘗好書・冠群可期